Illustrazione Grafica Extra: www.freepik.com
Grazie a Alekksall, Starline, Pch.vector, Rawpixel.com, Vectorpocket, Dgim-studio, Upklyak, Macrovector, Stockgiu, Pikisuperstar & Freepik.com Designers

Scoprire i Giochi Gratuiti Online

Disponibile Qui:

BestActivityBooks.com/FREEGAMES

5 CONSIGLI PER INIZIARE

1) COME RISOLVERE LE PAROLE INTRECCIATTE

I puzzle hanno un formato classico:

- Le parole sono nascoste senza spazi o trattini,...
- Orientamento: Le parole possono essere scritte in avanti, indietro, verso l'alto, verso il basso o in diagonale (possono essere invertite).
- Le parole possono sovrapporsi o intersecarsi.

2) APPRENDIMENTO ATTIVO

Accanto ad ogni parola c'è uno spazio per scrivere la traduzione. Per incoraggiare l'apprendimento attivo, un **DIZIONARIO** alla fine di questa edizione vi permetterà di controllare e ampliare le vostre conoscenze. Cerca e scrivi le traduzioni, trovale nel puzzle e aggiungile al tuo vocabolario!

3) SEGNARE LE PAROLE

Puoi inventare il tuo sistema di segni. Forse ne usi già uno? Per esempio, puoi segnare le parole difficili da trovare con una croce, le parole preferite con una stella, le parole nuove con un triangolo, le parole rare con un diamante, e così via.

4) STRUTTURARE L'APPRENDIMENTO

Questa edizione offre un **TACCUINO** alla fine del libro. In vacanza, in viaggio o a casa, puoi organizzare facilmente le tue nuove conoscenze senza bisogno di un secondo quaderno!

5) AVETE FINITO TUTTE LE GRIGLIE?

Nelle ultime pagine di questo libro, nella sezione della **SFIDA FINALE**, troverete un gioco gratuito!

Facile e veloce! Dai un'occhiata alla nostra collezione di libri di attività per il tuo prossimo momento di divertimento e **apprendimento,** a portata di clic!

Trova la tua prossima sfida su:

BestActivityBooks.com/MioProssimoLibro

Ai vostri posti, pronti...Via!

Sapevi che ci sono circa 7.000 lingue diverse nel mondo? Le parole sono preziose.

Amiamo le lingue e abbiamo lavorato duramente per creare libri di altissima qualità. I nostri ingredienti?

Una selezione di argomenti adatti all'apprendimento, tre buone porzioni di intrattenimento, una cucchiaiata di parole difficili e una spolverata di parole rare. Li serviamo con amore e entusiasmo in modo che tu possa risolvere i migliori giochi di parole e divertirti imparando!

La vostra opinione è essenziale. Puoi partecipare attivamente al successo di questo libro lasciandoci un commento. Ci piacerebbe sapere cosa ti è piaciuto di più di questa edizione.

Ecco un link veloce alla pagina dell'ordine:

BestBooksActivity.com/Recensione50

Grazie per il vostro aiuto e buon divertimento!

Tutta la squadra

1 - Salute e Benessere #2

```
Y T V H H W M F U O K V K C J U
I H G A Ž A S A M H Z U R F W D
Y M T J I R O L A K I D W K S I
D E H I D R A C I J A G R Z J E
B E M G R P T K S R K P I A A T
O R R R G R A J I G R E N E V A
L N L E N E T U M T F O N B N Z
N W S L V H E V O S E B A O E A
I J Y A Z R L B Z G U N I M Z I
Š T S G P A O Q I D M T E M E I
N O K R I N I M A T I V B G L M
I K M A G A W H R T W T V F O O
C U C Q I Q H R A P T E Ž A B T
A Ž I L L A P E T I T W I O N A
B B S A E W V V E Y R M W W P N
B A V A B E R P C A V M J G N A
```

ALERGIJA

ANATOMIJA

APETIT

KALORIJ

TELO

DIETA

PREBAVA

DEHIDRACIJA

ENERGIJA

GENETIKA

HIGIENA

OKUŽBA

BOLEZEN

MASAŽA

PREHRANA

BOLNIŠNICA

TEŽA

KRI

ZDRAV

VITAMIN

2 - Aggettivi #2

```
D N Q F C D Z J N N E V A L S F
S Y Q F I M G S O A A A Z W Q F
M T E U P Q S U R L I R Y D J J
C T Z N V K P H M S C D A C P P
Č I S T A V J A A G A Z O V O N
Z A N I M I V O L P P S R K N F
E D K E Q U G D N V P W R D S I
L R R E S A C E O K D A L S I N
E A E T M O D G O V O R E N P Č
G M A G O S N I J U E T C Y O A
A A T D Č M S O F Q W U H O R L
N T I F N C S N P E Q D E J V C
T I V M O P R O D U K T I V N O
N Č N V E R O D O S T O J N O M
O N O Q E P K N Z H B G I Z W P
C O G Y E Y C U J F O S K G J T
```

LAČNI

SUHA

VERODOSTOJNO

KREATIVNO

OPISNO

SLADKO

DRAMATIČNO

ELEGANTNO

SLAVEN

MOČNO

ZANIMIVO

NARAVNI

NORMALNO

NOVO

PONOSEN

PRODUKTIVNO

ČISTA

ODGOVOREN

SLAN

ZDRAV

3 - Ingegneria

```
T G Q C V B G E V U I D U G N P
S E R E M E R P I U D I K O T M
O Z K A D I S T R I B U C I J A
N T R O D B T R P W L S F H Z R
L M E V Č N U N O O N Q U N U G
I D O E O I J V G E F K K S O A
B I O T M W N A O Z O B N I K I
A Z S I O G H A N I B O L G L D
T E S R L R I A U K J E F U H A
S L T E V J I M V A R N Y I V Q
J M R M G G D J A I G E D D T T
N P O F R N U N A L U R A K L F
W S J R O T A C I J A G C Y J J
L T U R V M A D H K M I J M A I
S T R U K T U R A U O J Q F P Q
Q W I Z R A Č U N L G A B T F I
```

KOT	ZOBNIKI
OS	TEKOČINA
IZRAČUN	STROJ
GRADNJA	MERITEV
DIAGRAM	MOTOR
PREMER	GLOBINA
DIZEL	POGON
DISTRIBUCIJA	ROTACIJA
ENERGIJA	STABILNOST
MOČ	STRUKTURA

4 - Archeologia

```
U P R S P Z B L P J W E H C I S
E S A R P R L Q O N W T S U N K
M K J P E J N E T O N D E R V R
K A I P O J H A O A N T I K A I
Z N C P R Z E Y M W K H M Q J V
S A A M A E A R E F O J P C I N
P L Z U V U D B C V S H Y Q V O
G I I B H V W M I O T I B I K S
R Z L I S O F E E L I J T Z I T
O A I W D V W O G T I T P I L O
B N V U B N W A A L I W Z F E K
N L I S T R O K O V N J A K R O
I E C E L A V O K S I Z A R Z F
C T Q P R O F E S O R R V J I C
A S M L Q H L O T E M P E L J E
L N E Z N A N O B B Z S R R M A
```

ANALIZA
LET
ANTIKA
CIVILIZACIJA
POZABILI
POTOMEC
ERA
STROKOVNJAK
FOSIL
SKRIVNOST

PREDMETI
KOSTI
PROFESOR
RELIKVIJA
RAZISKOVALEC
NEZNANO
EKIPA
TEMPELJ
GROBNICA
VREDNOTENJE

5 - Salute e Benessere #1

```
L  B  A  K  T  E  R  I  J  E  Z  L  L  M  W  T
Z  E  R  D  H  V  V  C  U  T  D  A  M  I  Y  Y
E  D  K  Y  K  A  M  V  Z  R  R  K  A  Š  C  C
K  W  R  A  Ž  O  K  I  D  U  A  O  J  I  M  A
D  L  W  A  R  Q  D  Ž  R  B  V  T  V  C  H  M
S  R  G  I  V  N  F  W  A  D  L  A  H  E  Q  C
P  S  Ž  O  A  I  A  L  V  E  J  K  O  S  Q  I
R  R  S  A  J  G  L  L  N  D  E  Z  R  N  H  N
O  M  I  K  I  L  C  O  I  T  N  G  M  O  L  Z
S  R  F  I  P  Z  L  J  K  C  J  G  O  N  B  S
T  W  A  N  A  V  I  R  U  S  E  U  N  V  H  V
I  Q  O  I  R  E  F  L  E  K  S  F  I  I  L  U
T  B  R  L  E  W  G  N  A  V  A  D  A  T  Q  B
E  P  J  K  T  V  I  Š  I  N  A  E  L  K  L  P
V  Q  V  G  V  F  N  F  B  O  Z  F  M  A  H  D
K  L  E  N  K  R  Q  T  B  N  E  I  C  A  K  P
```

NAVADA	MIŠICE
VIŠINA	ŽIVCI
AKTIVNO	HORMONI
BAKTERIJE	KOŽA
KLINIKA	DRŽA
LAKOTA	REFLEKS
LEKARNA	SPROSTITEV
ZLOM	TERAPIJA
ZDRAVILO	ZDRAVLJENJE
ZDRAVNIK	VIRUS

6 - Aggettivi #1

```
P  O  Č  A  S  E  N  P  H  P  H  I  C  Z  S  J
C  O  G  R  O  M  N  O  N  Č  I  T  N  E  D  I
F  N  T  O  N  E  Š  U  D  O  K  I  L  E  V  V
N  Č  R  P  B  W  H  H  A  V  S  P  O  Z  N  R
Q  I  B  E  M  M  L  A  D  K  J  S  P  E  K  E
A  T  P  Y  E  K  U  V  G  E  T  K  O  Q  Y  D
M  O  F  A  M  D  H  E  J  L  F  I  P  T  U  N
B  S  A  A  O  M  M  Q  Q  A  C  I  V  D  L  O
I  K  M  M  P  A  Y  O  U  K  M  I  T  N  N  J
C  E  O  U  R  G  H  N  D  Ž  L  P  A  I  O  L
I  E  V  N  K  Y  D  V  F  E  K  P  N  G  K  U
O  M  J  E  D  O  L  G  A  T  R  U  E  J  H  G
Z  F  K  R  L  W  S  M  O  T  E  N  K  M  M  P
E  M  A  K  Š  I  N  T  E  M  U  T  O  P  G  D
N  B  N  S  B  R  K  A  B  S  O  L  U  T  N  O
H  C  N  I  A  R  O  M  A  T  I  Č  N  O  F  Q
```

AMBICIOZEN
AROMATIČNO
UMETNIŠKA
ABSOLUTNO
AKTIVNO
OGROMNO
EKSOTIČNO
VELIKODUŠEN
MLAD
VELIK

IDENTIČNO
POMEMBNO
POČASEN
DOLGA
MODERNO
ISKREN
POPOLN
TEŽKA
VREDNO
TANEK

7 - Geologia

```
Q  K  S  T  S  Y  E  S  E  J  H  S  W  S  B  S
T  O  T  A  L  P  M  F  T  K  R  E  M  E  N  E
M  R  I  Z  J  E  G  O  A  A  I  I  Z  K  P  R
G  A  V  A  L  J  H  S  Z  N  L  L  T  R  S  O
P  L  B  R  O  U  T  I  H  I  A  A  I  Q  Y  Z
L  E  Q  Q  S  I  K  L  U  L  R  T  K  M  Y  I
A  V  O  T  L  I  N  A  T  E  E  S  S  T  J  J
S  K  I  S  L  I  N  A  E  C  N  I  T  H  I  A
T  E  Q  Z  P  K  V  G  S  H  I  R  A  Y  C  T
P  O  T  R  E  S  A  U  S  P  M  K  L  Z  L  R
J  Z  T  V  Y  N  B  M  L  Z  G  P  A  M  A  V
M  M  C  U  S  A  D  P  E  K  V  I  G  G  K  R
E  V  Z  J  R  F  Z  L  T  N  A  L  M  E  S  Y
L  R  D  B  D  K  T  H  H  K  O  N  I  R  W  G
O  H  J  O  S  N  D  D  F  R  K  R  T  C  B  F
K  U  C  L  Z  D  G  A  Z  E  T  E  I  F  C  T
```

KISLINA	LAVA
PLATO	MINERALI
KALCIJ	KAMEN
VOTLINA	KREMEN
CELINA	SOL
KORALE	STALAGMITI
KRISTALI	STALAKTIT
EROZIJA	PLAST
FOSIL	POTRES
GEJZIR	VULKAN

8 - Campeggio

```
Z  W  E  D  T  K  A  I  R  V  S  E  N  K  H  P
A  M  J  S  P  E  I  Z  P  I  R  N  A  A  K  U
B  R  Ž  O  P  C  W  G  R  I  A  R  B  S  S  S
A  G  O  V  H  D  G  K  V  G  P  H  A  I  E  T
V  N  N  G  O  R  E  Z  E  J  K  H  V  N  P  O
N  F  N  A  V  E  K  L  E  Ž  U  Ž  A  A  H  L
O  K  A  N  U  V  J  U  F  Š  B  Q  V  E  O  O
H  O  V  R  D  E  S  I  Q  O  O  C  J  H  C  V
O  N  W  U  I  S  C  W  V  T  L  O  V  L  H  Š
T  D  L  I  L  A  V  I  Ž  O  K  O  J  V  L  Č
L  U  N  A  B  W  V  J  I  R  U  E  M  R  N  I
G  O  Z  D  Z  E  M  L  J  E  V  I  D  V  O  N
Z  W  T  H  E  S  B  V  W  R  B  A  L  T  O  A
M  D  Q  V  E  Z  R  Z  L  J  Q  O  N  D  E  F
B  B  W  K  Q  V  I  S  E  Č  A  M  R  E  Ž  A
K  W  I  Z  I  P  M  K  K  K  O  M  P  A  S  E
```

DREVESA	ZABAVNO
VISEČA MREŽA	GOZD
ŽIVALI	POŽAR
PUSTOLOVŠČINA	ŽUŽELKE
KOMPAS	JEZERO
KABINA	LUNA
LOV	ZEMLJEVID
KANU	GORA
KLOBUK	NARAVA
VRV	ŠOTOR

9 - Arti Visive

```
W K W A H W V S A S U U D J F T
W P Y K G V R E R V S J F F O Q
O G L I N A I S H I T H Q L T I
I Q S M E D P T I N V C O K O Q
P E K A P E E A T Č A E J L G O
O F U R L R R V E N R Y N C R S
R I L E K K S A K I J A I D A T
T L P K Q O P B T K A L J M F O
R M T I W W E L U R L L W I J I
E C U N F U K P R W N K U K J A
T Z R T Z N T E A K O W C M A L
H Q A E A K I L S L S P D L S O
O C T M B O V O O O T P R H E T
H Z V U Z Y A A O K V W I A J B
M O J S T R O V I N A J B N G Z
V C S B J W S P U B U R R L L Z
```

ARHITEKTURA
GLINA
UMETNIK
MOJSTROVINA
OGLJE
STOJALO
VOSEK
KERAMIKA
SESTAVA
USTVARJALNOST

FILM
FOTOGRAFIJA
KREDA
SVINČNIK
PEN
SLIKA
PERSPEKTIVA
PORTRET
SKULPTURA
LAK

10 - Tempo

```
R  C  P  C  P  N  U  Q  D  O  M  N  A  H  I  T
L  E  T  O  P  H  F  P  E  P  H  I  P  Z  W  P
Z  V  S  T  F  H  V  K  Č  O  N  F  N  C  S  R
T  R  E  N  U  T  E  K  E  L  D  L  E  U  U  E
A  I  N  J  K  M  A  L  U  D  W  A  D  K  T  D
R  N  A  D  T  D  N  E  M  N  J  V  E  O  D  A
D  T  D  L  C  E  S  E  M  E  U  Y  T  L  S  K
P  E  T  P  N  E  L  K  V  U  T  G  B  E  L  W
Y  L  M  F  I  R  B  T  W  D  R  J  E  D  N  H
L  R  J  A  P  E  J  T  E  L  O  T  S  A  K  T
O  U  D  E  V  T  J  T  F  S  Z  T  V  R  P  C
P  R  I  H  O  D  N  O  S  T  E  I  Č  M  B  A
R  L  O  A  K  L  L  W  W  F  H  D  E  U  K  L
V  R  L  J  M  T  O  C  B  A  Y  J  R  I  R  C
M  T  M  B  O  C  J  L  Z  U  T  N  A  V  T  A
L  S  P  Z  A  I  H  D  Z  R  U  N  J  S  V  C
```

LETO	OPOLDNE
LETNI	MINUTA
KOLEDAR	TRENUTEK
DESETLETJE	NOČ
PO	DANES
PRIHODNOST	URA
DAN	KMALU
VČERAJ	PRED
JUTRO	STOLETJE
MESEC	TEDEN

11 - Astronomia

```
B P L B Q K E N A K O N O Č J E
J O N Z S L I D M D K C S C F M
A K E U C K B I Z E M L J A L E
L S R M E T E O R V P M J N T G
A T T A V O N R E P U S I U E L
O S T R I S T E K G W M R L L I
G I T A O S S T O U H R O I E C
P A N R B N G S R A K E T A S A
L Q L K O G A A D E R O A J K W
A C A A J N Y V E C O Z V B O U
N U N N K C O D T M U V R L P F
E O Z W Q S O M Z O K E E A V Z
T J S A B L I L G I Q Z S E I L
V E S O L J E J M Z P D B E T H
S E V A N J E P A Q S J O B E N
G R A V I T A C I J A E U O F C
```

ASTEROID	METEOR
ASTRONAVT	MEGLICA
ASTRONOM	OBSERVATORIJ
NEBO	PLANET
KOZMOS	SEVANJE
OZVEZDJE	RAKETA
ENAKONOČJE	SUPERNOVA
GALAKSIJA	TELESKOP
GRAVITACIJA	ZEMLJA
LUNA	VESOLJE

12 - Algebra

```
T B A N Z O W F P M H Z J N Q V
R R R L Z A M A R G A I D I H J
J M H K I O H R O V B T H Č I Q
M N U E E T A G B S Č K R J I L
Q P F P Y M W Z L O A O K I K Z
N O K L E P A J E T N E L F C W
O A U L O M E K M A E Y K B L A
D K P S P R E M E N L J I V K A
Š L F A N E S K O N Č N O E N L
T I E A Č C I F R W Y S L T U I
E V B B K N W E Y W H N Y I F N
V E C W W T O O R O Y F N Š T E
A T Q W B M O E B G G E R E Q A
N Š E A L U M R O F D S E R O R
J L T Z Q O E K S P O N E N T N
E P O E N O S T A V I T I C G O
```

DIAGRAM	MATRICA
ENAČBA	ŠTEVILKA
EKSPONENT	OKLEPAJ
NAPAČNO	PROBLEM
FAKTOR	POENOSTAVITI
FORMULA	REŠITEV
ULOMEK	VSOTA
GRAF	ODŠTEVANJE
NESKONČNO	SPREMENLJIVKA
LINEARNO	NIČ

13 - Mitologia

```
Č  V  F  P  D  U  K  C  Q  M  K  F  O  I  U  A
A  P  Č  O  M  W  P  B  U  H  I  Y  H  E  T  R
R  H  L  Š  O  Z  I  P  K  G  D  L  T  N  Z  H
O  Z  A  A  V  T  S  N  Ž  O  B  M  E  G  E  E
B  E  B  S  W  U  R  K  W  Y  A  W  D  S  K  T
N  H  I  T  B  B  V  E  D  E  N  J  E  M  U  I
O  V  R  E  M  O  R  G  J  R  A  F  E  R  L  P
N  L  I  T  U  J  K  C  Y  T  Q  T  L  T  T  B
S  D  N  B  T  E  A  Y  O  U  I  P  B  N  U  G
L  T  T  V  G  V  P  T  E  C  W  B  T  O  R  O
L  P  R  M  L  N  L  E  G  E  N  D  A  S  A  U
J  E  F  E  C  I  N  T  R  M  S  Y  J  T  K  Z
P  U  J  N  L  K  M  A  Š  Č  E  V  A  N  J  E
V  B  N  E  O  E  J  N  A  J  R  A  V  T  S  U
O  G  H  A  L  J  U  B  O  S  U  M  J  E  V  W
G  P  J  R  K  K  A  T  A  S  T  R  O  F  A  Y
```

ARHETIP
VEDENJE
BITJE
USTVARJANJE
KULTURA
KATASTROFA
BOŽANSTVA
JUNAK
MOČ
STRELE

LJUBOSUMJE
BOJEVNIK
NESMRTNOST
LABIRINT
LEGENDA
ČAROBNO
SMRTNI
POŠAST
GROM
MAŠČEVANJE

14 - Piante

```
A Q O I A F Z V P R O L U J A V
C F J A G O D I Č J E I M V F J
O L S V K L S F J U Q S A Y Y D
H P J A C I G B H C Q T A M R G
F P T R V J N A S W P J O A C L
U I F T E O A A U D J E Q H V E
G W Ž U T N J P T Z Y C S S E K
V P E O S G L T K O U H F O T N
H M F J L C Š B A G B R K W N E
C Q O L Q J R K K U B G O T I H
H P L Y Z R B A B L A A R O L F
S J Y K E N A M V C M R E W I Z
B Q U R K Y U S E C B A N A S A
D R E V O G L B T O U F Z H T C
A Z G K W W F M G I S O V M D O
V E G E T A C I J A I D G V C C
```

DREVO   GNOJILO
JAGODIČJE   CVET
BAMBUS   FLORA
BOTANIKA   LISTJE
KAKTUS   GOZD
GRM   VRT
RASTI   MAH
BRŠLJAN   CVETNI LIST
TRAVA   KOREN
FIŽOL   VEGETACIJA

15 - Spezie

```
D T B C Č U B P J O K D A L S R
D D J C E Q Z J O K Z D M I O H
B D S G B O J A P U K L U V Y S
K H P P U F P N E S E Č K R T M
O L U T L U W Q A E S W R J G Q
R K G Z A I R O N R E K U P C K
I M N T B B N L R D F W K R I G
A V Z E K K I S L O K A U L M B
N A F S R Y F J G Y O N Ž P E S
D N Z O Q G E I Y A R Q B A T R
E I Q O M F Y A R C O N L P N C
R L P Z U J A N E Ž M M Z R F U
J I V T H L F I P I A M O I P R
S J K A R D A M O M Č J N K F R
E A L C B M L U P O P B A A C Y
O A F Z E K W K I F I N G V E R
```

KISLO	CURRY
ČESEN	SLADKO
GRENKO	KOROMAČ
JANEŽ	OKUS
CIMET	PAPRIKA
KARDAMOM	POPER
ČEBULA	SOL
KORIANDER	VANILIJA
KUMINA	ŽAFRAN
KURKUMA	INGVER

16 - Numeri

```
E  I  I  Z  U  J  O  D  Z  P  D  K  H  O  F  N
F  N  V  R  D  O  S  E  G  W  E  C  I  C  E  M
T  S  P  K  Q  G  E  V  U  Z  C  M  L  N  P  S
S  E  D  E  M  Z  M  E  S  O  I  M  O  Q  R  J
J  N  T  S  J  A  N  T  E  P  M  V  L  W  V  Q
A  D  J  J  O  B  A  N  H  A  A  S  M  J  I  J
N  S  T  K  E  P  J  A  W  W  L  I  Q  Z  T  C
M  T  Y  M  Y  E  S  J  R  H  N  G  M  U  R  Š
E  E  R  N  T  T  S  E  Š  O  O  I  M  L  T
D  S  Č  I  N  U  E  T  Y  D  N  K  Q  P  V  I
E  E  Z  H  N  M  R  S  F  V  O  H  F  V  I  R
S  D  V  G  L  A  T  S  J  A  N  T  S  E  Š  I
E  W  G  E  N  M  J  H  A  A  D  F  N  V  Z  R
W  V  M  I  T  N  U  S  F  I  V  E  U  B  O  T
D  V  A  N  A  J  S  T  T  O  D  W  K  T  H
A  Y  H  B  Š  T  I  R  I  N  A  J  S  T  Z  H
```

PET	ŠTIRINAJST
DECIMALNO	ŠTIRI
DEVETNAJST	PETNAJST
SEDEMNAJST	ŠESTNAJST
OSEMNAJST	ŠEST
DESET	SEDEM
DVANAJST	TRI
DVA	TRINAJST
DEVET	DVAJSET
OSEM	NIČ

17 - Cioccolato

```
E  J  I  R  A  K  D  A  L  S  L  U  A  J  I  T
A  M  D  S  M  N  J  H  Z  N  I  R  M  L  T  O
P  R  A  H  O  Z  T  J  K  G  I  O  K  U  S  D
N  O  H  U  R  G  P  I  D  I  Š  A  R  A  E  L
C  K  V  G  A  R  E  R  O  F  C  C  A  D  J  I
K  D  Z  E  G  E  C  O  J  K  K  B  I  T  I  Č
C  A  B  J  C  N  E  L  T  W  S  O  A  Q  A  N
A  L  K  Q  I  K  R  A  V  S  K  I  K  I  R  O
C  S  N  O  S  O  P  K  T  E  A  N  D  O  G  N
A  Y  P  L  V  Z  J  R  Y  S  R  A  F  A  S  Č
O  B  Q  Z  J  O  F  W  T  T  A  D  M  B  N  I
S  L  A  D  K  O  S  C  C  A  M  V  G  F  D  T
D  W  S  G  V  N  M  T  S  V  E  B  V  F  Y  O
N  A  J  L  J  U  B  Š  I  I  L  H  R  H  Y  S
A  O  E  A  M  F  P  E  T  N  A  G  A  B  M  K
U  F  U  C  T  U  B  H  P  A  B  S  G  B  Y  E
```

GRENKO	EKSOTIČNO
ANTIOKSIDANT	OKUS
ARAŠIDI	SESTAVINA
AROMA	JESTI
CACAO	KOKOS
KALORIJ	PRAH
SLADKARIJE	NAJLJUBŠI
KARAMELA	KAKOVOST
ODLIČNO	RECEPT
SLADKO	SLADKOR

18 - Guida

```
F  R  U  Y  C  A  V  G  G  F  T  F  C  N  T  D
N  E  S  R  E  Č  A  J  I  C  I  L  O  P  C  H
S  Z  Y  O  Š  V  T  S  O  N  R  A  V  E  N  I
L  H  W  T  E  K  S  T  Q  T  V  D  I  Q  L  T
S  I  E  O  P  Z  E  J  S  S  V  N  R  Y  C  R
L  B  C  M  C  C  C  R  E  O  D  A  O  P  V  O
D  I  V  E  J  L  M  E  Z  N  C  P  G  B  G  S
L  O  Q  A  N  Y  L  Z  M  R  D  Y  Z  J  A  T
G  K  R  L  Y  C  R  W  C  A  F  Q  D  O  R  K
S  N  R  P  D  U  A  M  M  V  J  Q  A  E  A  Z
T  U  N  E  L  E  K  I  C  O  T  O  M  P  Ž  E
D  R  L  R  V  G  P  R  O  M  E  T  P  R  A  F
A  V  T  O  B  U  S  P  O  M  K  T  L  E  J  U
Y  E  U  V  L  L  F  Y  G  M  P  Q  I  V  Q  V
E  I  I  A  K  R  K  T  W  V  J  I  N  O  Z  T
B  D  A  Z  W  P  O  O  Q  P  Z  D  P  Z  J  U
```

AVTO	MOTOR
AVTOBUS	PEŠEC
GORIVO	NEVARNOST
ZAVORE	POLICIJA
GARAŽA	VARNOST
PLIN	CESTA
NESREČA	PROMET
LICENCA	PREVOZ
ZEMLJEVID	TUNEL
MOTOCIKEL	HITROST

19 - I Media

```
W E E L G D I G I T A L N O N K
P O S A M E Z N I K U C P Q A O
N E S P O R O Č I L O B Q T S M
Q J Y C Y I N L A K O L N T P E
R N W O H N F E B G M O Q O L R
K A K J J D W J H H V J P B E C
O V D H K U G I M N E N J E T I
M E N I G S D F R M A S W E U A
R Ž I V O T B A P O V F Y Q O L
E A J B W R I R W I T T B N S N
Ž R A O D I O G L A S I E C B I
J B V O V J A O E Y J Y W W D M
E O N B Y A O T W E E P Y N E T
A Z O U Y F T O I Z D A J A B V
N I K K V A S F Č A S O P I S I
I N T E L E K T U A L N O G S V
```

KOMERCIALNI	INDUSTRIJA
SPOROČILO	INTELEKTUALNO
DIGITALNO	LOKALNI
IZDAJA	NA SPLETU
IZOBRAŽEVANJE	MNENJE
DEJSTVA	OGLASI
FOTOGRAFIJE	JAVNO
ČASOPISI	RADIO
POSAMEZNIK	OMREŽJE

20 - Forza e Gravità

```
K W F L A S T N O S T I B F U D
P T I L Č A S H I T R O S T N I
J A Z M C T A Q L Z J N M P I N
A B I A N I T B V C Y I G Q V A
K M K T L B N K A K I N A H E M
M K A E C R G A K A O J R M R I
H A D H O O Z U K P T K D R Z Č
V L G V N G M P M U L H W A A N
R T G N G I B A N J E A R F L O
E A F V E T I R I Š O S N Q N E
Q Y Z E J T I R K D O H I E O C
V N E D P V I C E N T E R S T S
Q E E G A M H Z R P T E Ž A F I
G W H F J L H T E V P L I V N E
M A K G K F J U A M M K R C Q V
J T R E N J E A P W E T Z R Z M
```

OS
TRENJE
CENTER
DINAMIČNO
RAZDALJA
ŠIRITEV
FIZIKA
VPLIV
MAGNETIZEM
MEHANIKA

GIBANJE
ORBITA
TEŽA
PLANETI
TLAK
LASTNOSTI
ODKRITJE
ČAS
UNIVERZALNO
HITROST

21 - Uccelli

```
P M K N V E A P U H G K F O S U
N I O R E L T T A G I P A P O E
T E N A S A C U M V A T C N K P
I M R G F F O W K B J N A E O I
V G N N V G B T D A O Q R M L Š
K E E Z J I U M M D N J J F V Č
K O W R O W N Š T O R K L J A A
M E M O Q A G M J B O U H E J N
U H A U V C G Z S A L O Y W L E
G F L A M I N G O L L K U F P C
O Q B Q M V N O G J A J C E A E
L V M J Q A P E L I K A N Z Č B
O E W E A K E B D Q H T I S T A
B O L H G U G A L E B P L U N R
N C M W S K J J N G S L U M I V
Y T O R M W T I G Z O C K G G B
```

ČAPLJA	PAPIGA
RACA	VRABEC
OREL	PAV
ŠTORKLJA	PELIKAN
LABOD	GOLOB
KUKAVICA	PINGVIN
SOKOL	PIŠČANEC
FLAMINGO	NOJ
GALEB	TUKAN
GOS	JAJCE

22 - Giorni e Mesi

```
P  U  R  Y  T  A  T  D  C  C  D  S  N  T  I  I
P  R  H  K  E  S  V  O  R  E  B  M  E  V  O  N
D  O  H  T  D  R  I  G  R  V  L  I  D  O  K  A
E  Y  N  C  E  E  M  Y  U  E  F  U  E  K  T  Q
C  O  E  E  N  D  E  U  D  S  K  L  L  G  O  P
E  P  K  S  D  A  L  E  T  O  T  I  J  Y  B  S
M  A  C  E  U  E  J  A  N  U  A  R  A  L  E  K
B  K  E  M  C  I  L  J  U  L  I  J  M  F  R  D
E  S  O  B  O  T  A  J  I  N  U  J  I  U  E  E
R  F  E  B  R  U  A  R  E  G  F  I  K  G  B  S
A  C  H  G  H  Q  J  K  D  K  U  I  R  N  M  Y
D  Q  T  B  P  H  F  L  I  E  T  V  A  F  E  T
E  L  Z  I  U  G  W  T  M  T  Q  V  P  V  T  I
L  Y  T  L  J  I  P  V  M  E  J  V  R  U  P  P
O  K  P  E  S  K  V  F  J  P  W  L  I  P  E  H
K  Y  W  I  N  M  C  Y  Z  W  P  J  L  B  S  V
```

AVGUST	PONEDELJEK
LETO	TOREK
APRIL	SREDA
KOLEDAR	MESEC
DECEMBER	NOVEMBER
NEDELJA	OKTOBER
FEBRUAR	SOBOTA
JANUAR	SEPTEMBER
JUNIJ	TEDEN
JULIJ	PETEK

23 - Casa

```
O M T J P H J S O Y Z D K K K H
P G E P H I G T K V V C N S L E
H Y L T Z O T R N Y R I J V C H
Q V D E L P T E O C T P I E T V
H R J D D A C H Z T B T Ž T U M
M A N I M A K A S O E P N I Š S
E T R Z E G L U I B V G I L I B
B A Z Y A O T O H P O S C K B O
Q Y F Q U R P T C I J Y A A U H
G E P J O P O R T S N W Y M N B
B Y M A I E S O B A E J A Q K A
F O P M U R G A R A Ž A A R F F
R M V V U P C V J H O G R A J A
T L A G T P P I P A M N K J R U
P O D S T R E Š J E H F N G Z J
C U Y P T A H Z V V W W M M I J
```

PODSTREŠJE
KNJIŽNICA
SOBA
KAMIN
KUHINJA
TUŠ
OKNO
GARAŽA
VRT
SVETILKA

ZID
TLA
VRATA
OGRAJA
PIPA
METLA
STROP
OGLEDALO
PREPROGA
STREHA

24 - Ristorante #1

```
I  Q  L  H  N  C  Y  Q  D  M  J  S  L  H  O  W
J  J  O  U  U  A  M  E  N  I  P  C  B  D  M  Q
H  V  P  R  C  W  T  A  O  Z  F  E  N  Q  A  W
K  T  F  K  E  M  U  A  C  I  D  A  L  S  K  S
R  Y  P  I  N  Z  O  P  K  H  R  A  N  A  A  K
T  E  G  N  A  U  E  I  T  A  O  M  B  A  U  L
I  S  R  J  Č  E  A  R  Y  J  R  E  D  U  M  E
K  A  V  A  Š  H  A  R  V  P  E  I  J  G  S  D
Z  J  R  G  I  T  S  E  J  A  L  S  C  D  E  A
A  I  O  A  P  K  C  S  O  T  C  D  E  A  S  V
Č  G  D  L  P  L  O  Š  Č  A  Y  I  T  W  T  U
I  R  S  B  P  R  T  I  Č  E  K  N  J  Z  A  F
N  E  J  E  C  L  G  U  C  G  P  U  O  A  V  L
J  L  U  F  T  K  U  H  I  N  J  A  S  Ž  I  R
E  A  J  J  K  P  H  F  D  P  Z  V  E  G  N  H
N  D  Y  B  L  N  H  W  Q  T  J  I  M  H  E  O
```

ALERGIJA
KAVA
NATAKARICA
MESO
BLAGAJNIK
HRANA
SKLEDA
NOŽ
KUHINJA
SLADICA

SESTAVINE
JESTI
MENI
KRUH
PLOŠČA
ZAČINJEN
PIŠČANEC
REZERVACIJA
OMAKA
PRTIČEK

25 - Fantascienza

```
I  E  R  T  I  M  A  I  Y  U  G  J  F  U  T  F
N  G  K  O  Z  Y  D  G  B  P  A  T  A  C  E  L
B  I  A  S  B  W  T  T  O  N  L  R  N  A  H  M
Y  J  J  Z  P  O  C  C  N  R  A  T  T  F  N  F
M  N  I  T  C  L  T  H  R  L  K  Q  A  S  O  U
E  K  P  P  L  I  O  I  A  L  S  A  S  V  L  T
A  T  O  M  S  K  I  Z  N  F  I  I  T  E  O  U
J  U  T  N  S  A  U  V  I  A  J  O  I  T  G  R
I  T  S  G  M  V  A  O  G  J  A  R  Č  P  I  I
Z  O  I  Z  F  E  W  R  A  B  A  A  N  L  J  S
U  P  D  Y  W  M  R  P  M  C  Y  K  O  A  A  T
L  I  O  J  E  R  A  T  I  O  G  E  K  N  B  I
I  J  B  Y  H  P  Ž  S  S  N  G  L  Z  E  K  Č
H  A  R  E  B  M  O  N  I  K  Z  J  K  T  W  N
H  B  Y  J  D  Z  P  V  V  U  E  C  Z  E  M  O
S  K  R  I  V  N  O  S  T  N  O  Y  P  B  H  E
```

ATOMSKI	IMAGINARNO
KINO	KNJIGE
DISTOPIJA	SKRIVNOSTNO
EKSPLOZIJA	SVET
EKSTREMNO	ORAKELJ
FANTASTIČNO	PLANET
POŽAR	ROBOTI
FUTURISTIČNO	TEHNOLOGIJA
GALAKSIJA	UTOPIJA
ILUZIJA	

26 - Città

```
J G A L E R I J A K I N I L K Q
P E K A R N A N R A G I J N K H
I Z Z I L E G Y Y T S P G Q L J
A Y B U H O Y E Z R B P Z A G I
L N U O M M L Č K A Q S P K S Z
E B A N K A R Š A Q K A L O Š J
T P A C I N Ž I J N K N M O D Q
A H O T E L F L D N O I D A T S
L D M P G V D A E L M V Z C B U
I T S P B J K D H K I O N I K N
Š G Q I R R B E S M A G R T G I
Č S C E Z B G L C D G R P T D V
E E Y A B J C G F T C T N C N E
C V E T L I Č A R K Z I F A L R
S U P E R M A R K E T W Y K C Z
Ž I V A L S K I V R T M Y K Y A
```

LETALIŠČE
BANKA
KNJIŽNICA
KINO
KLINIKA
LEKARNA
CVETLIČAR
GALERIJA
HOTEL
KNJIGARNA

TRG
MUZEJ
TRGOVINA
PEKARNA
ŠOLA
STADION
SUPERMARKET
GLEDALIŠČE
UNIVERZA
ŽIVALSKI VRT

27 - Fattoria #1

```
J  W  P  K  E  A  I  T  T  F  I  W  F  I  H  N
B  U  O  M  I  W  K  S  Q  A  L  O  H  Y  P  A
Y  C  L  U  N  G  K  O  N  E  S  L  V  J  P  C
R  V  J  G  T  U  S  G  G  Q  P  E  V  W  U  P
I  W  E  A  Y  U  J  R  R  I  F  F  V  K  Q  Y
A  I  Y  G  W  F  K  A  K  I  H  I  P  Y  Z  Y
A  A  Q  A  B  F  Y  J  M  A  Ž  Z  J  I  L  O
M  N  H  K  Y  D  K  A  E  D  J  R  K  Z  P  G
Z  E  R  R  A  Z  O  K  T  W  S  V  F  F  A  B
T  M  D  A  T  T  N  Č  I  G  N  O  J  I  L  O
Z  E  J  V  A  V  J  A  J  P  R  A  Š  I  Č  V
F  S  V  A  J  L  J  M  S  E  P  L  I  Y  T  O
P  I  Š  Č  A  N  E  C  T  B  Q  E  P  M  N  D
T  E  L  E  Z  M  Q  S  V  D  Y  B  C  A  B  A
R  I  L  H  J  F  O  T  O  J  G  E  J  I  Z  J
E  Q  O  Q  Y  C  S  K  C  K  B  Č  T  M  P  F
```

VODA	MAČKA
KMETIJSTVO	JATA
ČEBELA	PRAŠIČ
OSEL	MED
POLJE	KRAVA
PES	PIŠČANEC
KOZA	OGRAJA
KONJ	RIŽ
GNOJILO	SEMENA
SENO	TELE

28 - Psicologia

```
D  I  A  L  A  N  E  C  O  N  R  P  P  S  O  R
G  R  Z  N  P  Z  F  U  S  E  E  E  O  B  T  M
D  R  E  M  T  C  R  T  E  Z  S  R  D  A  R  I
G  H  A  C  V  U  Q  O  B  A  N  C  Z  B  O  S
H  P  O  O  G  J  W  U  N  V  I  E  A  K  Š  L
Č  U  S  T  V  A  B  W  O  E  Č  P  V  Q  T  I
K  O  N  F  L  I  K  T  S  S  N  C  E  F  V  C
C  G  R  H  L  A  E  D  T  T  O  I  S  J  O  K
P  E  K  F  S  J  T  A  Q  E  S  J  T  Y  H  L
R  R  F  N  A  I  U  O  T  N  T  A  S  T  P  I
I  S  O  J  Z  P  Č  V  P  L  I  V  I  A  R  N
D  S  Z  B  C  A  B  I  Z  K  U  Š  N  J  E  I
E  N  K  W  L  R  O  U  I  J  B  V  S  U  J  Č
J  Y  K  O  O  E  J  N  A  V  O  N  E  M  I  N
E  H  U  E  K  T  M  Z  B  H  C  R  U  E  T  I
V  F  H  K  U  Y  R  Z  V  E  D  E  N  J  E  Y
```

IMENOVANJE
KLINIČNI
VEDENJE
KONFLIKT
EGO
ČUSTVA
IZKUŠNJE
IDEJE
NEZAVESTEN
OTROŠTVO

VPLIVI
MISLI
PERCEPCIJA
OSEBNOST
PROBLEM
RESNIČNOST
OBČUTEK
PODZAVEST
TERAPIJA
OCENA

29 - Paesaggi

```
G L T D B C U H W O M J G T I I
O Z E E A B T U N D R A O T O K
R P U D G R V Q B K E E O I S P
A K V M E E R B S B G J Z B B U
Q P I I N N A K L U V R G E A Š
B V D R B F A M A J B I R H J Č
I R M O R J E G P B H V I W D A
Q E U S P U A P O J U Č Z G D V
S K Q P Q Z U N O R O O J A U A
Y A K Q K R C B C J A M E N Y U
G Z H U O L G D E O Ž I G U U C
P Z W D K B W O A M A M P W Y A
P O L O T O K L N D L Z S S M I
L E D E N I K I C A P B A D Y H
I F V L V L T N O Q T H I V D Z
Q B C G P F W A G K Y S S A W U
```

SLAP
HRIB
PUŠČAVA
REKA
GEJZIR
LEDENIK
JAMA
LEDENA GORA
OTOK
JEZERO

MORJE
GORA
OAZA
OCEAN
MOČVIRJE
POLOTOK
PLAŽA
TUNDRA
DOLINA
VULKAN

30 - Energia

```
S G D R H L F O T O N W L P C Y
Y O E E L E K T R I Č N I O Y O
C R T L N O D P Q U B J L Z M U
E I O E A R Q Z R R J U V V K
P V P W D K I N D U S T R I J A
A O L A Q I T C N Q U C O J V E
R L O E A J I R E T A B T L E N
A I T E J L O K O K I D O V T T
E L A R W G F N K N Z C M O E R
T O I K W O Z E S Q R E Z N R O
P U B E N C I N R J T H E B S P
U B R G P C B W D Y Q W Y O D I
R R B B D N Y M E Z F G I V I J
M O B S I K V A J A Z T T I Z A
N G J A D N O T W W L B Q Y E T
V B F C F D A H M S I S N Z L U
```

OKOLJE

BATERIJA

BENCIN

TOPLOTA

OGLJIK

GORIVO

DIZEL

ELEKTRIČNI

ELEKTRON

ENTROPIJA

FOTON

VODIK

INDUSTRIJA

MOTOR

JEDRSKO

OBNOVLJIV

TURBINA

PARA

VETER

31 - Ristorante #2

```
Ž  L  I  C  A  V  Q  L  W  O  V  N  J  L  S  K
R  Q  M  B  J  I  R  O  E  K  E  L  C  W  L  O
A  K  P  W  V  F  O  S  B  D  Č  S  L  O  T  S
V  L  G  K  Z  K  S  P  I  E  E  A  A  Z  O  I
A  O  Y  C  W  N  Z  M  R  J  R  D  P  E  R  L
J  E  D  R  F  I  H  F  V  D  J  J  J  T  T  O
N  J  W  A  C  J  A  J  I  E  A  E  N  H  A  P
E  U  T  K  D  E  Č  Y  L  R  C  Y  O  G  S  Y
L  A  I  A  R  S  A  E  I  P  J  V  D  G  O  T
E  O  H  T  W  P  J  R  C  G  G  U  C  V  L  O
Z  Q  M  A  I  T  I  F  E  H  A  Z  H  I  A  D
P  O  Y  N  P  I  P  W  L  D  Q  O  R  A  T  L
Q  W  U  S  Z  A  Č  I  M  B  E  I  P  F  A  I
W  F  S  W  S  Q  U  S  O  Z  Y  R  U  S  H  Č
A  S  M  I  C  B  Q  Z  D  G  P  J  N  K  B  N
C  Q  M  W  T  T  C  E  Q  Q  G  C  H  U  U  O
```

VODA	SOLATA
PREDJED	JUHA
PIJAČA	RIBE
NATAKAR	KOSILO
VEČERJA	SOL
ŽLICA	STOL
ODLIČNO	ZAČIMBE
VILICE	TORTA
SADJE	JAJCA
LED	ZELENJAVA

32 - L'Azienda

```
P I R I V I R M D P U S U V P Z
R J N P Z D M J O M O B G P R A
I B G O H N A H J Ž T K L E E P
H D C S V P D T G M N U E S D O
O E N O T A J R N K U O D P S S
D V O N V I T A E R K B S R T L
K E W V A I H I D N E R T T A I
I O K G M T U P V N S D V S V T
Z E E G K J Q O L N Z Q E O I E
E G L O B A L N O A O O G V T V
W T E R G R H E W D Č L A O E L
B Z D N A P R E D E K E N K V V
F J Z S T R O K O V N O J A J O
N A I K N A L O Ž B E V A K F P
O D L O Č I T E V L V S D L V H
I N D U S T R I J A W D U O B Z
```

KREATIVNO	STROKOVNO
ODLOČITEV	NAPREDEK
GLOBALNO	KAKOVOST
INDUSTRIJA	PRIHODKI
INOVATIVNO	UGLED
NALOŽBE	TVEGANJA
ZAPOSLITEV	VIRI
MOŽNOST	PLAČE
PREDSTAVITEV	TRENDI
IZDELEK	ENOT

33 - Giardino

```
T R A T A J A R G O J P I O E S
Y B N M J I F E C M L O C V E T
T R A V A M F J R C R G L E R R
L O G L G P A Q O G J A B R M V
V E R A N D A B U C U R I D N E
B C R I K I N B I R O A T T C C
F M Y L Y L L T F H W Ž G D T T
G R A B L J E O U O O A W S K Y
Z Q G G F V K L P I T P E A B E
O G S A E Q O Z T M R G Y D V R
L O P A T A T I R P A K I O W P
E A I K U F E M Z F R R E V B L
V B B T V L R Z I Q N S T N P T
E D K L O P A Q C H J S T J K H
L E Q N A E S P R E W Q N A F J
P A Ž E R M A Č E S I V D K N L
```

DREVO	KLOP
VISEČA MREŽA	VERANDA
GRM	TRATA
TRAVA	GRABLJE
PLEVEL	OGRAJA
CVET	RIBNIK
SADOVNJAK	PRST
GARAŽA	TERASA
VRT	TRAMPOLIN
LOPATA	CEV

34 - Riscaldamento Globale

```
W  P  C  O  P  F  C  J  P  D  P  O  P  T  I  K
U  L  E  J  B  E  N  D  O  P  R  K  O  P  N  G
P  R  L  A  A  G  A  N  P  M  I  O  Z  S  D  Z
V  L  A  D  A  D  L  E  U  V  H  L  O  T  U  S
P  K  R  I  Z  A  Z  S  L  A  O  J  R  S  S  R
A  L  K  P  Z  C  W  C  A  R  D  S  N  O  T  Z
A  L  I  R  B  L  J  U  C  K  N  K  O  N  R  A
W  Z  I  N  K  C  M  Q  I  T  O  I  S  D  I  K
E  N  E  R  G  I  J  A  J  I  S  S  T  O  J  O
P  O  D  A  T  K  I  H  E  K  T  K  B  R  A  N
R  Z  O  D  P  P  Z  I  T  A  T  I  B  A  H  O
Z  N  A  N  S  T  V  E  N  I  K  U  P  N  B  D
M  O  G  E  N  E  R  A  C  I  J  E  L  D  L  A
T  E  M  P  E  R  A  T  U  R  E  D  V  E  L  J
J  R  A  Z  V  O  J  U  Z  F  P  Z  L  M  M  A
Q  O  R  Q  R  F  P  S  S  R  T  G  M  N  A  F
```

OKOLJSKI	VLADA
ARKTIKA	HABITATI
POZORNOST	INDUSTRIJA
PODNEBJE	MEDNARODNO
KRIZA	ZAKONODAJA
PODATKI	ZDAJ
ENERGIJA	POPULACIJE
PRIHODNOST	ZNANSTVENIK
PLIN	RAZVOJ
GENERACIJE	TEMPERATURE

35 - Frutta

```
A J A P A P V J A Z D W Q J C M
J V K I V I V A N A N A B D Q A
N Z O Z W L O B H T G B F D T R
Š A D K J A N O L E M R V U Y E
E E U S A V I L S Y A E Q H D L
Č S M O H D G K W L N S V C B I
M V I J M H O O H A G K N J Z C
J A G O D I Č J E R O E K A T A
N F V E N P P R A Z U V V N O Y
P R Q C T E Y V V I Q Š H E A I
M A L I N A K I S F E C K G N S
R O B I D A N T A Y J P N A A Z
G R O Z D J E R A E E A Y V N R
O L N G D I C W T R F B A N A N
L I M O N A I O S M I G Q D S M
J B O R A N Ž N A J W N T F H G
```

MARELICA	MANGO
ANANAS	JABOLKO
ORANŽNA	MELONA
AVOKADO	ROBIDA
JAGODIČJE	NEKTARIN
BANANA	PAPAJA
ČEŠNJA	HRUŠKA
KIVI	BRESKEV
MALINA	SLIVA
LIMONA	GROZDJE

36 - Fattoria #2

```
N E M Č E J P L H K R S A Z E F
F A P Z I F A K O R U Z A O V I
B C M A L T S T I D U J W H F Y
Z I J A N I T E J N G A J F G E
R N L R K J I M L A M A P W G Z
A E M M I A R K O G B S T V S A
C Š H L N J N A R O D R A G G Z
A P V E V V F J N E D E K S O H
R O T K A R T N E J D A S L S R
T Q A O R Q I V S C B M C O I A
E F N C T B I O J P V D M D S N
Ž I V A L I P D K E W O T L Z A
L F J K U I G A B M Y W U D U N
Y E E L J J M S U E R W Z G Q J
O V Y B S E A D J D Y G T R Z L
Q E V T A P B T M N Y Y H C M A
```

JAGNJETINA

KMET

PANJ

RACA

ŽIVALI

HRANA

SKEDENJ

SADJE

SADOVNJAK

PŠENICA

NAMAKANJE

LAMA

MLEKO

KORUZA

GOSI

JEČMEN

PASTIR

OVCE

TRAVNIK

TRAKTOR

37 - Verdure

```
D  P  T  Q  S  W  K  U  G  R  A  H  T  E  B  C
T  N  A  W  W  Z  C  E  V  E  Č  J  A  J  U  Q
M  M  T  R  G  C  U  N  E  V  A  Q  U  G  Č  F
M  R  M  I  A  U  S  I  K  G  N  A  B  Q  E  W
O  R  G  U  U  D  C  V  D  N  I  A  F  K  C  Y
N  L  W  P  J  R  I  P  E  I  P  A  B  O  G  Č
B  R  O  K  O  L  I  Ž  R  W  Š  N  C  R  Q  E
B  O  S  R  H  I  I  F  N  E  S  E  Č  E  S  B
Y  U  C  S  Q  J  T  Š  D  I  Q  L  T  N  A  U
S  O  L  A  T  A  P  E  R  M  K  E  Z  J  F  L
W  W  R  K  V  F  N  R  I  E  K  Z  C  E  U  A
T  H  Q  T  M  Q  T  N  P  T  T  U  G  I  C  T
Q  Q  H  O  N  I  Z  D  M  R  S  E  M  C  B  V
U  M  R  L  A  J  R  E  O  W  K  Q  P  A  U  G
A  I  T  A  L  U  Q  R  R  V  Y  H  Y  W  R  F
Q  G  P  Š  F  J  J  A  K  O  Č  I  T  R  A  A
```

ČESEN	GRAH
BROKOLI	PARADIŽNIK
ARTIČOKA	PETERŠILJ
KORENJE	REPA
KUMARA	REDKEV
ČEBULA	ŠALOTKA
GOBA	ZELENA
SOLATA	ŠPINAČA
JAJČEVEC	INGVER
KROMPIR	BUČE

38 - Musica

```
Z U W U F T S S U L K S T I R J
O P E R A D A L A B L N E L I T
C J W N K C M U B L A E M F T V
H Z H K G J Q M W B S M P W M H
P A D J T P C Q V G I A O O I M
J T R J C E V E P K Č N N L Č A
K W P M D T V B G Y N J O I E F
N T H E O I M Y W A A E N R N G
O U N T O N Č I T E O P M I R L
F R P I A N I W O J Z M E Č L A
O L B R N Q O Č Q I N E L N C S
R E F R E N K E N C I W O O E B
K S M J R C D C U O L D D W V E
I N S T R U M E N T Z W I K Z N
M G L A S B E N I K L H J I B I
R M H W W A J I N O M R A H A O
```

ALBUM
HARMONIJA
HARMONIČNO
BALADA
PEVEC
PETI
KLASIČNA
REFREN
LIRIČNO
MELODIJA

MIKROFON
GLASBENI
GLASBENIK
OPERA
POETIČNO
SNEMANJE
RITMIČEN
RITEM
INSTRUMENT
TEMPO

39 - Barbecue

```
K V A B I L O P V D V M P I Q L
V O S O L K W A V N R K P G O A
G U S L Z K F R G R A U S R G K
L D Z I S F B A N L Ž L Ž E I O
A D S C L Y Y D I H U H S I A T
S P H F Z O U I F O C L O S N A
B L B B S A B Ž E E T O L H A A
A Z M C L T P N T R C G A H R L
P O P E R V R I Y Y K N T H H U
W W K N B E R K D G O O E A L B
I A Z A R J G O B B A Ž B S I E
F P H Č C A Y O Č G E I I G G Č
O M H Š L J L M F E J T E L O P
Y N K I B E N A T L D J V A C R
W E M P F V H K W H A D H H W Q
V E Č E R J A A B F S E F C V Q
```

VROČE   ŽAR

VEČERJA   SOLATE

HRANA   VABILO

ČEBULA   GLASBA

NOŽI   POPER

POLETJE   PIŠČANEC

LAKOTA   PARADIŽNIK

DRUŽINA   KOSILO

SADJE   SOL

IGRE   OMAKA

40 - Insetti

```
O H L I D A T N G G U C H S S V
P I K A P O L O N I C A R R L K
I Q R J A Y T G K L O C O Š I N
P G S L V U N H G T S I Š E S T
V S J O K M Z Q L D N L Č N T I
S B T M D A H L O B R I D L N T
G L Q W A J Č G S E W B J Z A L
V H K U L N K J A Z I O B L U S
Š K G E E W T A I T T K T K Š N
K O J P B E A I T P K E R U Č Š
R M B J E F N T S O A V R Č C C
Ž A C Y Č B G F I K J S N M U K
A R W O I M E T U L J Q T Z I A
T K T W P B R H Q J K T I L T
K L I Č I N K A Q B S D F M R T
F F Y G C M R A V L J A S V L T
```

LISTNA UŠ	LIČINKA
ČEBELA	KAČJI PASTIR
SRŠEN	MANTIS
KOBILICA	GNAT
ŠKRŽAT	BOLHA
PIKAPOLONICA	ŠČUREK
HROŠČ	TERMIT
MOLJ	ČRV
METULJ	OSA
MRAVLJA	KOMAR

41 - Fisica

```
I  R  E  L  A  T  I  V  N  O  S  T  O  M  I  A
K  A  O  S  V  V  N  J  W  A  U  V  D  A  P  B
R  A  J  I  C  A  T  I  V  A  R  G  Y  G  O  G
M  L  J  F  R  E  K  V  E  N  C  A  V  N  R  I
D  U  T  I  P  Y  C  C  D  G  G  K  M  E  I  W
J  M  C  E  L  E  D  C  E  Q  O  I  O  T  J  Y
M  R  R  L  Q  A  U  F  N  S  N  L  I  J  L
F  O  Z  E  Y  P  K  F  S  P  T  A  E  Z  D  T
R  F  Y  K  Z  O  P  I  L  V  O  H  K  E  R  H
S  V  E  T  I  R  I  Š  M  O  T  E  U  M  E  A
R  J  S  R  S  W  V  G  Q  E  A  M  L  Q  C  Y
M  P  T  O  K  S  R  D  E  J  K  A  A  F  A  O
P  O  O  N  L  A  Z  R  E  V  I  N  U  L  T  T
I  P  T  B  B  H  I  T  R  O  S  T  I  I  O  T
K  R  L  O  P  O  S  P  E  Š  E  K  F  L  M  K
W  V  K  F  R  R  J  K  J  P  N  T  I  R  P  K
```

POSPEŠEK
ATOM
KAOS
KEMIKALIJA
GOSTOTA
ELEKTRON
ŠIRITEV
FORMULA
FREKVENCA
PLIN

GRAVITACIJA
MAGNETIZEM
MEHANIKA
MOLEKULA
MOTOR
JEDRSKO
DELEC
RELATIVNOST
UNIVERZALNO
HITROST

42 - Agronomia

```
V W E V A K S I Z A R R V L Q R
E J N A V E Ž A N S E N O M C R
B E E K O S Z N Z R O E N M P
H R R J V Q Y M A A E A F K U Y
F O G V T S O N A N Z L S H W Z
V Z I K S L E Ž E D O P O T E K
W I J P J S E M E N A J Z B C J
G J A J I D U T Š G N O J I L O
O A J I T P R O I Z V O D N J A
V R I E E P A B D G B R J O N Q
R L G U M G G M I I W P T Q I J
A V O A K H T E D C Z O D F P A
L I L J N T P Y S T J U H V O V
T E O A O S T S K H R A N A P O
O G K M U R K M F O K O L J E D
E T E G M P T I M E T S I S W A
```

VODA	BOLEZNI
KMETIJSTVO	ORGANSKI
OKOLJE	PROIZVODNJA
HRANA	RAZISKAVE
RAST	PODEŽELSKI
EKOLOGIJA	ZNANOST
ENERGIJA	SEMENA
EROZIJA	SISTEMI
GNOJILO	ŠTUDIJA
ONESNAŽEVANJE	PRST

43 - Erboristeria

```
F C R N F J T V K R B C B U T P
K K W D W M I R N O R A J A M E
T Q A U P P M T Y N R W U M H T
P V K K F M I V U Č F O A H G E
P S I V K A J D U I Z K M Z I R
E Z R J D K A Y Z T Z D Y A C Š
H E A W O M N E J A S Y C K Č I
T L N T T R U V D M J K V I F L
R E I W S O I I D O N D E L R J
A N L N O Q M G B R Z R T I T S
N A U D V L M P A A U E O Z J O
L M K D O L A M H N A R F A Ž P
M T D Z K U U R E P O K T B G Q
R O Ž M A R I N B T Č E S E N H
Y A Y H K W A N I V A T S E S C
U K L M T O O G U W I W A Z N S
```

ČESEN	SIVKA
KOPER	MAJARON
AROMATIČNO	META
BAZILIKA	ORIGANO
KULINARIKA	PETERŠILJ
PEHTRAN	KAKOVOST
KOROMAČ	ROŽMARIN
CVET	TIMIJAN
VRT	ZELENA
SESTAVINA	ŽAFRAN

44 - Biologia

```
F O T O S I N T E Z A C D T S Q
B E L J A K O V I N E D K Y C J
D O D O S G V B K E D O R A Z E
A N A T O M I J A O K Q I G Z V
N B A K T E R I J E L M P K G Z
L E B Z K F Y Y R I U A N V J O
P H V S O C O O S F G A G W R S
L B P R D I N V A R A N T E S M
A T H M O Q B S A C V V Y S N O
Z C M V K N U M O S O M O R K Z
I E N C I M A J I C A T U M H A
L L O E W B C J S S Y W T T O M
E A Q V A J I C U L O V E Z R D
C S T I B M L S I N A P S E M N
C E I Ž A T E W V I H R D K O S
Q S R J Y I C V H C O Z P N N B
```

ANATOMIJA
BAKTERIJE
CELICA
KOLAGEN
KROMOSOM
ZARODEK
ENCIM
EVOLUCIJA
FOTOSINTEZA
SESALEC

MUTACIJA
NARAVNI
ŽIVEC
NEVRON
HORMON
OSMOZA
BELJAKOVINE
PLAZILEC
SIMBIOZA
SINAPSE

45 - Attività Commerciale

```
D T L B G W V Y D T Z C F H J S
N O O A T A J A D O R P I U R T
R W H V C F W S L I R F N Q A R
V Y P O A U N F S U G R A Q B O
N H Y M D R E V Y T K N V J Š
A Z D U F E N T H U O A C P N K
L D A V K I K A V Q H T E Y W I
O P R O R A Č U N P I S A R N A
Ž E K O N O M I J A N U T A K E
B J E C N J F J M R E P R N A W
E T Č O Y R V U Q J L O G E R H
U E I B M O G K I T S P O D I B
P J B K U M H O P Z O A V S E F
G D O J A E O W E V P N I G R J
R O D F B V I L H C A Z N K A P
N P K S H B L H A M Z F A H D K
```

PRORAČUN	DOBIČEK
KARIERA	DOHODEK
STROŠKI	POPUST
ZAPOSLENI	PODJETJE
EKONOMIJA	DENAR
TOVARNA	DAVKI
FINANCE	PISARNA
NALOŽBE	VALUTA
TRGOVINA	PRODAJA

46 - Fiori

```
P Q I H K T P H Z V Z F M N N C
O O B H A J E D I H R O A M F L
T L R U G Z R K B T J T K A M L
O O G C A A R C N K B B N L O J
N A P I L U T Y U R A F O I A W
I J C Y S A B M A O J D J M C I
K E P O Š C V E T N I L I S T A
A K V I S I P L S H N D S P V J
K G P C N T L I O I E I A Z I I
J D A K C E U J N B D E P V C L
L A G G Z J M A Č I R T B T R O
I D S B E R E D N S A P L E F N
L R Z M N A R K I K G R M P L G
A E W T I M I S C U I W O H Z A
C R K D M N A G A S Z T G Y C M
R E G R A T A D E T E L J A M B
```

REGRAT

GARDENIJA

JASMINA

LIJA

SONČNICA

HIBISKUS

SIVKA

LILA

MAGNOLIJA

MARJETICA

ŠOPEK

ORHIDEJA

MAK

PASIJONKA

POTONIKA

CVETNI LIST

PLUMERIA

VRTNICA

DETELJA

TULIPAN

47 - Filantropia

```
M Y K I V Y J J W E J H A C W P
B J F B O T R O C I O C N S F O
L O W V V P I E C N A N I F R T
V J R R V T A M D C I E V K V R
E Č U D O B R O D E L N O S T E
L L M D V P I N K Q U I D A S B
I O P F J Q V V G M Z P O U O A
K V Z R L E D A I L Q U G Q N V
O E L S O A J J K A O K Z L P T
D Š Z B Z G G G E D T S I E U S
U T T P T Z R N R I M C V M K D
Š V P R O U P A M N I K I T S E
N O N F A D V K M A S L Z L A R
O N L A B O L G I I I W Z T J S
S Z R Y J Y P B I F J O I D N I
T S O N E T Š O P L A M F B O Y
```

OTROCI
POTREBA
DOBRODELNOST
SKUPNOST
STIKI
FINANCE
SREDSTVA
VELIKODUŠNOST
MLADINA
GLOBALNO

SKUPINE
MISIJA
CILJI
POŠTENOST
LJUDJE
PROGRAMI
JAVNO
IZZIVI
ZGODOVINA
ČLOVEŠTVO

48 - Ecologia

```
K A K D R S F N A R A V N I N V
C O N L A B O L G K G W V E A T
A A P F Z Q B I R Q O L M R R I
E J B E N D O P C R R H B G A J
N I H T O S K U P N O S T I V P
I C S S L M Z C Q R F F A P A R
L A O R I R O Z Z T L V T W N E
T T R V K D V Č Y M O Y I S V Ž
S E T P O E T F V J R P B W A I
A G A L S S J G Q I A P A L F V
R E K J T V B U L Z R U H A V E
V V J J I S U Š A B J J D J K T
D I M O R S K I N N Q L E K P J
G B R P R O S T O V O L J C I E
I K Q I T R A J N O S T N O V Z
F G Z O Q P B M E G J Y S Q N P
```

PODNEBJE
SKUPNOSTI
RAZNOLIKOST
FAVNA
FLORA
GLOBALNO
HABITAT
MORSKI
NARAVA
NARAVNI

MOČVIRJE
RASTLINE
VIRI
SUŠA
PREŽIVETJE
TRAJNOSTNO
VRSTE
SORTA
VEGETACIJA
PROSTOVOLJCI

49 - Discipline Scientifiche

```
N E V R O L O G I J A Q O A Q M
F I Z I O L O G I J A P S N G I
S O C I O L O G I J A F L A K N
T J E Z I K O S L O V J E T W E
F E B O T A N I K A B L U O B R
H J R Z O O L O G I J A U M A A
A J I M O N O R T S A M R I K L
Y P R K O M A Q K P C I T J I O
C R A O Z D J V M Q C E A A N G
N W D O A J I G O L O E H R A I
L A T Q T C G N M K Y G Z W H J
A S B P D W O Z A J I M E K E A
C T B E D E L I U M E W Y I M E
A J I G O L O K E P I T R K O C
A O A J I M E K O I B K B P T H
Q O S A J I G O L O I B A H S I
```

ANATOMIJA
ARHEOLOGIJA
ASTRONOMIJA
BIOKEMIJA
BIOLOGIJA
BOTANIKA
KEMIJA
EKOLOGIJA
FIZIOLOGIJA

GEOLOGIJA
JEZIKOSLOVJE
MEHANIKA
MINERALOGIJA
NEVROLOGIJA
SOCIOLOGIJA
TERMODINAMIKA
ZOOLOGIJA

50 - Scienza

```
D M O T A V A R A N O O D A M F
E O V Q J E S E I L A R E N I M
J L Z R I L F A S T J G J U O Z
S E Y S C G I D K F I A B I P R
T K Z P A A Z E P O L N E W A Q
V U J F T K I H M L A I N O Z C
O L I R I S K M C C K Z D J O B
Y E R O V R A I A D I E O D V G
P P O D A T K I B Z M M P E A F
H S T V R S M P G E E U I L N O
L E A G G O N E J R K T O C J S
H J R N R D C O T Q S R O I E I
E V O L U C I J A O F T N P B L
S L B V R P I O W O D Y B N I O
M Z A O D P O S K U S A Z Q W H
A I L Z N A N S T V E N I K V I
```

ATOM
KEMIKALIJA
PODNEBJE
PODATKI
POSKUS
EVOLUCIJA
DEJSTVO
FIZIKA
FOSIL
GRAVITACIJA

HIPOTEZA
LABORATORIJ
METODA
MINERALI
MOLEKULE
NARAVA
ORGANIZEM
OPAZOVANJE
DELCI
ZNANSTVENIK

51 - Acqua

```
I  G  E  J  Z  I  R  M  M  H  J  H  R  G  W  P
V  Z  O  K  V  L  A  Ž  N  O  R  E  Z  E  J  O
O  B  P  L  C  Y  K  H  Z  C  A  M  G  G  C  P
L  B  U  A  Y  K  E  S  R  P  M  M  S  J  W  L
A  F  U  Z  R  F  R  J  M  P  N  C  K  E  R  A
V  A  R  R  J  E  E  R  J  D  A  C  B  V  M  V
G  A  L  M  R  L  V  I  O  D  E  Ž  T  E  O  A
G  Z  V  Z  U  K  V  A  M  E  Z  E  L  J  I  R
M  O  N  S  U  N  J  B  N  P  J  B  W  N  Y  A
G  N  A  M  R  W  D  R  V  J  D  F  W  A  Y  P
G  T  K  D  U  P  V  R  G  S  E  F  M  K  O  P
E  I  R  K  A  L  V  I  E  N  L  A  N  A  K  Y
A  P  O  N  M  J  W  N  W  J  M  W  G  M  R  J
L  V  U  Z  F  O  T  U  V  Z  O  C  E  A  N  L
H  O  Z  M  C  T  O  A  O  D  Q  G  N  N  L  J
J  Y  O  N  D  C  P  J  C  W  W  W  S  O  U  V
```

POPLAVA	MONSUN
KANAL	SNEG
PRHA	OCEAN
IZPAREVANJE	VALOVI
REKA	DEŽ
ZMRZAL	PITNO
GEJZIR	VLAGA
LED	VLAŽNO
NAMAKANJE	ORKAN
JEZERO	PARA

52 - Imbarcazioni

```
O  R  E  Z  E  J  B  F  U  M  N  K  K  R  L  C
L  C  L  Q  T  A  S  E  G  N  A  F  A  J  O  B
M  F  E  D  R  D  I  E  Q  M  V  D  N  J  Q  G
A  L  L  A  D  R  D  A  Q  K  T  R  U  L  A  J
P  Z  N  T  N  N  R  V  T  W  I  R  O  R  K  K
V  H  O  H  T  I  O  A  G  R  Č  T  S  R  E  E
C  V  A  A  U  C  F  P  N  Q  N  O  C  B  R  A
A  T  A  J  V  A  L  P  S  R  O  B  M  A  J  F
M  M  M  O  T  O  R  V  R  V  O  B  B  M  E  M
L  O  L  T  K  O  Z  A  Y  U  J  M  Q  I  S  Y
H  R  H  Y  E  F  O  L  P  K  J  Z  T  L  H  B
D  J  R  I  J  L  N  O  P  O  W  B  U  P  K  W
O  E  T  F  A  Y  U  V  P  O  S  A  D  K  A  L
E  O  L  L  R  M  M  I  I  O  J  Q  E  K  D  N
Y  K  P  C  T  D  P  B  T  F  P  R  W  L  A  E
V  G  T  H  N  G  P  Y  I  K  U  R  Q  W  O  R
```

JAMBOR	MORJE
SIDRO	PLIMA
JADRNICA	MORNAR
BOJA	MOTOR
KANU	NAVTIČNO
VRV	OCEAN
POSADKA	VALOVI
REKA	TRAJEKT
KAJAK	JAHTA
JEZERO	SPLAV

53 - Chimica

```
V Y V G R O T A Z I L A T A K M
P F O F V D O L L I I N E R V B
J S K Z F D O U I K S N A G R O
E N C I M Z K K U S A N P I T K
L N V H E Q C E K M K L R O O S
T E Ž A K I J L G O S L N N P R
L Y V V P K Q O P T O Y O A L D
V F C U A D Z M M A L N E R O E
P B E L E K T R O N I L P M T J
Q K M L J T E F E I B I I W A P
C G M H O R T L J L E Z V J Z I
T E K O Č I N A K S V O D I K U
P D W N Q I C Z I I L C C N H V
F H I M Q D C C S K T T N P L C
U S H H L F V R I O H R D U B T
P L C W O F I K K I C J W B L U
```

KISLINA
ALKALNA
ATOMSKI
TOPLOTA
OGLJIK
KATALIZATOR
KLOR
ELEKTRON
ENCIM
PLIN

VODIK
ION
TEKOČINA
MOLEKULA
JEDRSKO
ORGANSKI
KISIK
TEŽA
SOL

54 - Api

```
B Q J Y D H A R P I N T E V C I
F W P N I D A E K O S I S T E M
D T O D M U K B W G K O C R C K
O B E C H T K E I H R A N A N E
I O Q T E H O K S T R V Q T O G
D O W G O O R Y M Z A N A T S C
I W V P H W I O O F V T B Z S G
C S R Z M T S O K I L O N Z A R
K V V O D Z T C A P W N L D P U
H O E I I T N V C Q L V E H A H
T C J T P Y O E I K M Z O Q N H
H Y D A J O R T J W Q Y G S J R
T U A J R E N I L T S A R M E S
L E S T Y R D V A H D Y I E D K
Ž U Ž E L K E Q R S C U F D K T
O Y A Z H P I N K R I L A J B E
```

KRILA	DIM
PANJ	VRT
KORISTNO	HABITAT
VOSEK	ŽUŽELKE
HRANA	MED
RAZNOLIKOST	RASTLINE
EKOSISTEM	CVETNI PRAH
CVETJE	KRALJICA
CVET	ROJ
SADJE	SONCE

55 - Strumenti Musicali

```
T E N I R A L K E O H Q W Y S T
O O S S P A V F U R W A I A U A
G T L A R A T I K G T B R L P M
A E V K K J T O G L B M T F S B
F V T P A S A O K I R I R V A U
B I Q Z O L O T Q C P R O C N R
M E O V B O A F D E V A B F I I
H Y N Y O V E A O W I M E L L N
T R O M B O N H G N O G N A O S
U A J V W U E F B Z L F T V D Z
N Q N I F S B E U L I F A T N F
K L A V I R O P M A N E J A A R
U S B W W I B G E H A K K U M E
K G Q R J V I O L O N Č E L O R
J D Z J H H F R V W Y R A D J P
Y N Y C H G E J D N D S B T U Y
```

ORGLICE
HARFA
BANJO
KITARA
KLARINET
FAGOT
FLAVTA
GONG
MANDOLINA
MARIMBA

OBOA
TOLKALA
KLAVIR
SAKSOFON
TAMBURIN
BOBEN
TROBENTA
TROMBON
VIOLINA
VIOLONČELO

56 - Professioni #2

```
I  L  U  S  T  R  A  T  O  R  W  Y  F  G  U  E
A  U  P  I  K  A  I  V  G  E  N  A  O  R  F  F
A  R  M  Z  N  K  T  A  T  R  N  A  T  Z  Z  R
E  L  H  U  J  I  J  N  Q  I  K  D  O  O  N  A
V  J  C  M  I  L  S  O  P  K  M  W  G  O  F  Z
F  G  K  I  Ž  S  D  R  O  I  M  S  R  L  R  I
Y  J  Q  T  N  N  E  T  D  N  L  V  A  O  A  S
I  K  C  E  I  J  T  S  F  V  L  O  F  G  N  K
Z  N  Q  L  Č  A  E  A  J  A  I  W  T  G  I  O
V  D  Ž  J  A  J  K  J  B  R  A  N  T  R  V  V
U  O  R  E  R  O  T  W  F  D  K  R  M  U  O  A
P  Z  V  A  N  U  I  J  V  Z  G  V  J  R  N  L
F  J  W  H  V  I  V  P  F  O  Z  O  L  I  F  E
D  F  O  S  M  N  R  J  G  B  Z  J  L  K  Z  C
Z  E  J  L  E  T  I  Č  U  O  B  I  O  L  O  G
C  E  V  O  L  S  O  K  I  Z  E  J  H  V  T  E
```

ASTRONAVT	ILUSTRATOR
KNJIŽNIČAR	INŽENIR
BIOLOG	UČITELJ
KIRURG	IZUMITELJ
ZOBOZDRAVNIK	JEZIKOSLOVEC
DETEKTIV	ZDRAVNIK
FILOZOF	PILOT
FOTOGRAF	SLIKAR
VRTNAR	RAZISKOVALEC
NOVINAR	ZOOLOG

57 - Letteratura

```
C  A  U  K  U  H  T  A  P  Y  D  B  T  Y  Ž  F
R  N  W  I  R  H  R  N  R  O  Z  R  A  O  A  H
K  E  E  I  G  N  A  A  J  F  E  G  U  M  N  W
B  K  S  P  V  T  G  L  C  Z  I  T  G  Z  R  G
W  D  T  E  M  A  E  O  O  Z  S  H  I  G  A  W
B  O  K  J  N  F  D  G  O  L  A  I  D  Č  L  G
A  T  D  N  Z  E  I  I  O  I  R  G  B  P  N  C
A  A  J  M  Y  G  J  J  C  P  H  O  Z  R  L  O
M  N  E  N  J  E  A  A  A  Z  I  L  A  N  A  W
M  E  T  A  F  O  R  A  Z  Y  Z  S  T  L  W  Z
R  I  T  E  M  B  I  O  G  R  A  F  I  J  A  Z
K  A  T  H  L  J  P  C  I  Y  R  O  M  A  N  Z
M  A  V  A  J  R  E  M  I  R  P  E  E  J  D  J
J  G  V  T  D  Q  L  Y  V  Z  P  S  S  A  D  V
F  R  D  W  O  N  K  L  D  S  U  M  E  C  C  K
E  Y  C  E  W  R  S  R  I  M  A  T  P  N  M  J
```

ANALIZA	METAFORA
ANALOGIJA	MNENJE
ANEKDOTA	PESEM
AVTOR	POETIČNO
BIOGRAFIJA	RIMA
SKLEP	RITEM
PRIMERJAVA	ROMAN
OPIS	SLOG
DIALOG	TEMA
ŽANR	TRAGEDIJA

58 - Cibo #2

```
J Z G Q K N Z Č P Z Q W Q R Z J
P A F P C M C O A P E P Z H Q A
I B B K Z U E K R K H L S N V J
Š O L O E F J O A J N Š E Č Z Č
Č G N N L P D L D C R U P N J E
A B K F U K Z A I V I K Š H A V
N D V D O P O D Ž I R I S H O E
E Y Y G C F R A N A N A B U U C
C Z N P W L G C I L O K O R B U
M J H A E V J I K J R A Y K S G
N S I K E L Q N U M B T Z V M J
G K N Q B Q O E R S Q R I B E D
J A J C E H B Š Z Y Z U Y Q M O
B E D I W S L P A A W G C Z V D
Z P N K R S M Z Q I M O C K V C
E G Z C T Y I P T T N J P O R P
```

BANANA
BROKOLI
ČEŠNJA
ČOKOLADA
SIR
GOBA
PŠENICA
KIVI
JABOLKO
JAJČEVEC

KRUH
RIBE
PIŠČANEC
PARADIŽNIK
ŠUNKA
RIŽ
ZELENA
JAJCE
GROZDJE
JOGURT

59 - Nutrizione

```
N  F  J  F  I  F  I  U  V  F  L  Q  A  Z  A  F
U  Ž  I  T  N  A  F  C  I  H  R  A  P  Z  M  E
N  M  T  N  C  G  L  V  T  K  B  P  E  P  D  R
R  T  G  N  V  G  F  N  A  Z  I  W  T  V  M  M
K  V  Y  J  W  R  T  T  M  V  E  E  I  N  J  E
W  A  V  A  B  E  R  P  I  O  B  J  T  G  N  N
C  R  L  E  I  Q  F  V  N  V  M  V  G  I  G  T
H  D  N  O  L  I  N  A  R  H  I  A  Ž  E  T  A
J  Z  O  K  R  R  K  I  R  V  Č  R  K  N  K  C
B  H  I  N  S  I  G  J  S  V  A  D  J  A  Y  I
T  V  A  E  Q  S  J  I  G  O  Z  Z  T  Y  A  J
D  O  B  R  V  S  Z  K  A  K  O  V  O  S  T  A
H  Q  K  G  B  E  L  J  A  K  O  V  I  N  E  C
D  T  K  S  U  K  O  K  D  R  V  M  Z  A  I  H
I  F  E  N  I  Č  O  K  E  T  W  R  D  D  D  J
N  J  Y  O  O  N  E  Ž  E  T  O  N  V  A  R  U
```

GRENKO
APETIT
URAVNOTEŽENO
KALORIJ
UŽITNA
DIETA
PREBAVA
FERMENTACIJA
OKUS
TEKOČINE

HRANILO
TEŽA
BELJAKOVINE
KAKOVOST
OMAKA
ZDRAVJE
ZDRAV
ZAČIMBE
TOKSIN
VITAMIN

60 - Matematica

```
P R E M E R R F K P E G A E T I
D E C I M A L N O R K P R N R Y
K O T I O S Z Z R A S O I A I T
P C M L V B G B G V P L T Č K D
J H A V A M S T D O O I M B O Y
T A R D A V K E E K N G E A T P
S S G G A C C U G O E O T K N R
Y M O B T J D K B T N N I F I A
P B L M O E I U S N T Q K J K V
A O E T S T T R C I Q N A F D O
E R L A V Z E B T K Z O B T E K
N O A M Q W O N D E R O P Z V O
H W R W E G H Z O M M S P Q A T
O V A E F R Q U B O C O N G A N
O K P F O A B O O L O N E J O O
S I M E T R I J A U F I N G J Q
```

KOTI	PARALELOGRAM
ARITMETIKA	OBSEG
OBOD	PRAVOKOTNO
DECIMALNO	POLIGON
PREMER	KVADRAT
ENAČBA	POLMER
EKSPONENT	PRAVOKOTNIK
ULOMEK	SIMETRIJA
GEOMETRIJA	VSOTA
VZPOREDNO	TRIKOTNIK

61 - Meditazione

```
P O U O S A W I H H H D U K P Č
S O P E G V Z W T H V I U N E U
I P Z A B S A L G M C H D F W S
T R P O Z U M U D C V A Ž R D T
H I E U R O O O T S O N S A J V
V J R F I N V Q W L B J K R N A
A A S G M V O A F B W E E I S Q
L Z P A Z E M S N C B S Y W F M
E N E D S Š A I T J B U F Q K I
Ž O K G C U W N R M E J E R P S
N S T C G D Y T Y E J G J K A L
O T I P V O N E F Z N M T W F I
S Y V Z K V W N A C A J U W U J
T S A U M G N K T R B W Č U G D
T I Š I N A C W P B I A O Z K K
N A R A V A Y H I W G Y S T I D
```

SPREJEM

POZORNOST

MIREN

JASNOST

SOČUTJE

ČUSTVA

PRIJAZNOST

HVALEŽNOST

DUŠEVNO

UM

GIBANJE

GLASBA

NARAVA

OPAZOVANJE

MIR

MISLI

DRŽA

PERSPEKTIVA

DIHANJE

TIŠINA

62 - Elettricità

```
K  K  T  G  A  O  U  V  K  O  G  A  O  J  R  L
A  A  N  I  Č  I  L  O  K  N  L  N  C  O  J  A
T  B  J  B  M  G  B  J  V  V  Y  O  H  M  W  S
N  E  V  I  T  I  Z  O  P  I  P  F  V  Q  O  E
Ž  L  O  M  R  A  Č  I  R  T  K  E  L  E  Ž  R
E  I  L  P  J  E  V  C  H  A  B  L  S  J  A  O
L  T  C  K  R  R  T  P  B  G  J  E  V  N  R  T
E  E  U  E  N  E  N  A  L  E  D  T  E  E  N  A
K  M  N  Q  P  Y  M  M  B  N  J  L  T  Č  I  R
T  D  V  C  S  T  Z  A  I  O  Z  S  I  Š  C  E
R  E  N  K  R  I  H  P  Z  B  M  J  L  I  A  N
I  R  V  T  I  Č  N  I  C  A  A  Y  K  D  N  E
Č  P  A  Q  R  F  J  U  V  I  G  V  A  A  G  G
N  M  Q  T  C  A  A  M  R  N  N  O  I  L  D  V
I  O  M  R  E  Ž  J  E  B  I  E  Z  R  K  K  Z
V  A  J  I  Z  I  V  E  L  E  T  Z  J  S  R  O
```

OPREMA	LASER
BATERIJA	MAGNET
KABEL	NEGATIVNO
SKLADIŠČENJE	PREDMETI
ELEKTRIČAR	POZITIVEN
ELEKTRIČNI	VTIČNICA
ŽICE	KOLIČINA
GENERATOR	OMREŽJE
SVETILKA	TELEFON
ŽARNICA	TELEVIZIJA

63 - Antiquariato

```
M S K V D B C E A S Y M P M E U
Z T F F E I E Z P L S V O U L M
M S H P S Z N O C Z F O H Z E E
G O S W E K A F D O K C I O G T
O N J O T S O D O R E V Š L A N
W D H F L K G P B A J N T N N O
A E J T E L O T S T J A V E T S
S R F Q T H L K D S P O O N N T
G V V B J D S B R F E Z D A O K
R T I B A J W V R A Q G U V W A
O B N O V A D M P B S N P A L K
A V O V T S R A P I K N K D K O
A C U I C N A V O K O T A N K V
N I A B L C Ž P O G O J A O T O
W Y L P B E B Ž O L A N L D T S
L P S Z Q J A J I R E L A G I T
```

UMETNOST	POHIŠTVO
DRAŽBA	KOVANCI
VERODOSTOJNO	CENA
POGOJ	KAKOVOST
DESETLETJA	OBNOVA
OKRASNA	KIPARSTVO
ELEGANTNO	STOLETJE
GALERIJA	SLOG
NENAVADNO	VREDNOST
NALOŽBE	STAR

64 - Escursionismo

```
C P W P C E Y I I E I J V I D E
E I T S O N R A V E N T Š K A E
I K W O U D V R H P M Z K I E S
Z R D R T P N B Q V A E O N V Q
M A R O R R S E L B K M R D Z E
O P W D U I R O B V N L N O I J
R B D J J P B U N J R J J V O N
I M T I E R G Z R C E E I I U A
E H V Q N A O M W S E V U V U R
N K O W L V R V G J E I V T I I
T M F I N A A C U B W D C O C P
A N T E Ž K A V A R A N L C D M
C K O M A R J I R F V F F K O A
I W M P Y R S C C T F H G F S K
J U K B Y T L M R Y M B E R J Z
A A W F J Z Ž I V A L I N A P V
```

VODA	NEVARNOSTI
ŽIVALI	TEŽKA
KAMPIRANJE	KAMNI
PODNEBJE	PRIPRAVA
VODNIKI	DIVJI
ZEMLJEVID	SONCE
GORA	UTRUJEN
NARAVA	ŠKORNJI
ORIENTACIJA	VRH
PARKI	KOMARJI

65 - Professioni #1

```
T  V  E  C  A  M  R  A  F  Z  I  H  K  Q  A  D
R  O  U  N  O  E  C  R  Y  P  L  J  I  A  L  E
F  D  A  M  H  Q  F  F  T  I  Z  A  N  D  K  P
B  O  C  O  E  T  O  S  Y  A  R  B  T  N  C  L
D  V  M  N  H  T  R  F  B  N  Y  B  E  A  G  E
Q  O  N  O  V  F  N  T  I  I  H  D  V  A  R  S
M  D  J  R  T  P  B  I  I  S  S  G  D  M  G  A
O  A  W  T  P  V  N  K  K  T  B  E  O  B  L  L
R  R  E  S  W  P  S  I  H  O  L  O  G  A  A  K
N  U  I  A  D  Z  P  N  M  T  O  N  O  S  S  A
A  N  Z  K  L  V  D  D  C  R  M  I  L  A  B  Q
R  I  R  A  N  I  R  E  T  E  V  H  O  D  E  O
L  O  V  E  C  A  Y  R  R  N  C  M  E  O  N  B
K  K  B  P  P  D  B  U  Q  E  I  E  G  R  I  S
K  A  R  T  O  G  R  A  F  R  P  A  S  U  K  S
Z  N  A  N  S  T  V  E  N  I  K  J  N  W  L  Q
```

TRENER	FARMACEVT
AMBASADOR	GEOLOG
UMETNIK	ZLATAR
ASTRONOM	VODOVODAR
ODVETNIK	MORNAR
PLESALKA	GLASBENIK
BANKIR	PIANIST
LOVEC	PSIHOLOG
KARTOGRAF	ZNANSTVENIK
UREDNIK	VETERINAR

66 - Antartide

```
M D B Y Y O L G V I L A Z M Q M
Z N Z G L B E Y O J T M E I E H
J C U Q E L D W D P J R O N B H
J E A E N A V V A M J A K E P R
S L H K F K K R O R I Z O R O W
A I T I K I H L T A L I L A L D
B N S K A L N A T A D S J L O K
A A J I F A R G O E G K E I T B
Z N A N S T V E N I K O T O O V
T E M P E R A T U R A V R H K M
V S R R U I H A J I C A R G I M
O H R A N J A N J E Y L N Z L D
F L N E O A J I C I D E P S K E
T O P O G R A F I J A C L B Q C
L E D E N I K I Y J G J G G P P
U E G K D N Q A D I W A H W N Q
```

VODA	MIGRACIJA
OKOLJE	MINERALI
ZALIV	OBLAKI
KITI	POLOTOK
OHRANJANJE	RAZISKOVALEC
CELINA	SKALNATA
GEOGRAFIJA	ZNANSTVENI
LEDENIKI	EKSPEDICIJA
LED	TEMPERATURA
OTOKI	TOPOGRAFIJA

67 - Libri

```
P O T O P I T E V S R Z T A R R
P N T N N K L I A S T W D D E T
U Č M R F S V E O J W R S M L R
S I F A F N I B M F N I A Q E K
T G S R D I J P K E Q V Z N V Š
O A P E V V L V R O T V A A A A
L R E T O O D Y K K N M H M N L
O T S I J D J Q V G H T C O T J
V T E L N O A J I R E S E R N I
Š P M M O G N B R A L E C K O V
Č Y F P S Z Z G O D B A G K S P
I M S C T F I C Y C M K C P N T
N E P S K I T I Y M M R P Z Q D
A J L I C E H Z Z K S I W W Y Z
J W K S N R U H S N J B F Y J Q
L M L H M Y U I A O N Z T A S B
```

AVTOR
PUSTOLOVŠČINA
ZBIRKA
KONTEKST
DVOJNOST
EPSKI
POTOPITEV
IZNAJDLJIV
LITERARNO
BRALEC

STRAN
PESEM
RELEVANTNO
ROMAN
PISNO
SERIJA
ZGODBA
ZGODOVINSKI
TRAGIČNO
ŠALJIV

68 - Geografia

```
T V I E K V A T O R C G I H O Q
P L S J V O T A T U S E L F P P
E N V R I C S E V E R E L N B Z
J M E O Š E J A V A Ž R D I C C
L U T M I A W R L D J E O C N V
M G G K N N F O U T I F H J H A
E R T S A J I G E R A P D Q T K
Z E M L J E V I D A Z O A J D E
O W H M E S T O M S D L U P T R
D T G F O L D B Q G N D E Z F C
R N I I W U H G J U I N S Q F Z
J K M M L F B Z M K T E O L K A
N U Q W I U Y K L G E V S K E H
I Y T S F U B B W I N N Q M L O
C K K G V G R D Z O I I V U P D
P O L O B L A E D C S K O T O D
```

VIŠINA   POLDNEVNIK
ATLAS   SVET
MESTO   GORA
CELINA   SEVER
POLOBLA   OCEAN
EKVATOR   ZAHOD
REKA   DRŽAVA
OTOK   REGIJA
ZEMLJEVID   JUG
MORJE   OZEMLJE

69 - Cibo #1

```
K G C Z F M P R G L Č O P T D G
O K E L M L S Y R S E P O T K P
R O K D A L S T Z G B Č E S E N
E H R U Š K A S O K U U A E E E
N I P G L N J O T G L J L S N M
J L L T F O P F V Y A T R O T Č
E I C Š P I N A Č A Y T J S C E
E M I L E F Y K D G P T E R C J
U O M B E V M I V M Y D T M C J
O N E M B O A L C B N Y S D D C
U A T A L O S I P H F Q W I V O
Q F C L Z L U Z G E G U G T N P
T U N A D O G A J P J L B L V Y
J Z U S P S L B Z H V D V F O A
P Z P J A E U G R D Y T F B Q O
S R P B A S R B Y T O O Y Y M W
```

ČESEN
BAZILIKA
CIMET
MESO
KORENJE
ČEBULA
JAGODA
SOLATA
MLEKO
LIMONA

META
JEČMEN
HRUŠKA
REPA
SOL
ŠPINAČA
SOK
TUNA
TORTA
SLADKOR

70 - Aeroplani

```
T N P Z B G O R I V O P M R Q Y
U D O N A Z O U R J O O O N Y A
R P T A L S G J Y A D S T I F Q
B D N G O D R O S M K A O K A N
U Q I U N R I Z D B O D R Y V A
L L K C P N Q Z Y O W K Q S H P
E G P J H R O E A H V A H A O I
N S T Z Q J I P P J O I N I L H
C M Z R A K B S E A N E N U R N
A E C Y V U A U T G T G D A S I
H R G M O D S U V A E A C J E P
G P C L D D D Z D I N I P N S Y
W C G D I P I L O T C E A D T J
N E B O K V I Š I N A J K A O D
M U A T M O S F E R A D F R P W
P U S T O L O V Š Č I N A G E C
```

VIŠINA
ZRAK
ATMOSFERA
PRISTANEK
PUSTOLOVŠČINA
GORIVO
NEBO
GRADNJA
DIZAJN
SMER

SESTOP
POSADKA
NAPIHNI
VODIK
MOTOR
BALON
POTNIK
PILOT
ZGODOVINA
TURBULENCA

71 - Governo

```
S  I  V  C  S  D  M  J  Z  Y  H  J  N  J  T  J
N  V  N  W  P  E  A  V  S  O  A  V  A  T  S  U
C  Q  R  N  O  M  B  W  U  G  J  K  C  R  O  W
C  W  B  N  M  O  N  L  I  V  I  C  I  P  K  R
B  I  A  F  E  K  Q  Q  Q  L  S  S  O  R  A  O
D  K  U  E  N  R  O  V  O  G  U  V  N  A  N  V
T  I  T  E  I  A  J  D  O  V  K  E  A  V  E  A
Q  B  C  W  K  C  V  S  H  Q  S  B  L  I  C  R
F  K  U  B  W  I  Q  A  V  U  I  H  N  Č  U  P
Q  R  M  S  C  J  R  K  Ž  O  D  T  I  N  B  J
T  O  R  Q  F  A  U  I  R  R  B  K  N  O  C  D
P  R  A  V  N  I  N  T  P  F  D  O  R  S  I  N
S  I  M  B  O  L  B  I  B  I  V  U  D  T  D  B
O  V  T  S  N  A  J  L  V  A  Ž  R  D  A  S  I
H  V  N  I  I  T  S  O  N  S  I  V  D  O  E  N
F  P  V  C  O  R  U  P  S  O  D  N  I  S  Q  I
```

VODJA
DRŽAVLJANSTVO
CIVILNO
USTAVA
DEMOKRACIJA
GOVOR
DISKUSIJA
SODNI
PRAVIČNOST
NEODVISNOST

PRAVNI
PRAVO
SVOBODA
SPOMENIK
NACIONALNI
DRŽAVA
POLITIKA
OKRAJ
SIMBOL
ENAKOST

72 - Bellezza

```
M  L  D  D  J  S  O  T  Š  B  Z  F  F  Z  F  E
T  I  Y  I  J  I  L  D  K  R  L  C  R  T  O  L
S  Y  L  C  Š  Q  J  N  A  P  T  E  J  B  T  E
O  P  Q  O  K  A  A  G  R  Č  A  R  O  A  O  G
D  C  G  Z  S  D  V  F  J  Y  E  B  Q  R  G  A
A  T  Q  J  V  T  J  A  E  K  O  Ž  A  V  E  N
S  I  G  O  N  T  N  A  G  E  L  E  R  A  N  C
V  H  Z  J  L  N  O  P  M  A  Š  K  D  K  I  E
J  S  S  J  J  A  V  O  K  L  E  D  Z  I  Č  K
T  I  W  A  Z  C  D  A  B  Y  K  D  M  T  N  O
S  T  O  R  I  T  V  E  M  R  M  Q  V  E  O  D
I  O  T  A  K  O  Q  O  L  P  G  J  G  M  C  R
L  R  B  K  T  N  J  G  K  G  T  C  I  Z  O  I
I  I  J  S  H  M  K  W  K  Z  O  N  E  O  J  W
T  R  P  A  K  N  I  M  Š  O  A  E  V  K  F  S
S  P  N  M  V  T  P  Y  E  W  F  P  O  T  K  A
```

BARVA
KOZMETIKA
ELEGANTNO
ELEGANCE
ČAR
ŠKARJE
FOTOGENIČNO
DIŠAVA
MILOST
MASKARA

OLJA
KOŽA
IZDELKOV
VONJ
KODRI
ŠMINKA
STORITVE
ŠAMPON
OGLEDALO
STILIST

73 - Avventura

```
J  T  H  W  Y  I  T  Z  I  V  U  A  L  L  Q  T
H  V  O  N  C  N  P  C  Z  L  A  V  A  R  A  N
R  E  J  K  J  K  G  S  Z  Q  N  R  S  J  Z  I
M  R  R  I  H  W  A  Y  I  Q  O  P  N  B  M  J
U  N  E  V  A  R  N  O  V  P  N  O  J  O  D  L
H  S  J  Y  Y  G  B  O  I  O  D  T  R  I  S  E
A  V  A  R  P  I  R  P  J  G  A  O  T  T  P  T
T  E  L  Z  I  H  U  I  D  U  V  V  L  I  R  A
O  S  M  H  H  Z  Z  O  Z  M  A  A  U  N  I  J
P  E  J  N  E  Š  U  D  V  A  N  N  D  E  L  I
E  L  L  B  E  Z  G  J  Q  O  E  J  I  R  O  R
L  J  I  S  A  M  Q  A  B  S  N  A  P  A  Ž  P
C  E  C  O  A  K  T  I  V  N  O  S  T  R  N  T
T  E  Ž  A  V  N  O  S  T  A  Q  K  A  I  O  W
N  A  V  I  G  A  C  I  J  A  N  P  V  H  S  T
G  W  Z  E  F  P  J  U  W  Z  J  S  Z  G  T  R
```

PRIJATELJI	ITINERAR
AKTIVNOST	NARAVA
LEPOTA	NAVIGACIJA
POGUM	NOVO
CILJ	PRILOŽNOST
TEŽAVNOST	NEVARNO
NAVDUŠENJE	PRIPRAVA
IZLET	IZZIVI
VESELJE	VARNOST
NENAVADNO	POTOVANJA

74 - Forme

```
C T G S H Q V O S K V A D R A T
K R G F T Y Q N T O H F G F A M
T I Z E Q B R Z O I U L U D G J
J K A R G P R J Ž G R M R A Q F
U O Y A S P I L E O I V O B O R
P T C K A H R A C R J L I G R L
R N J V D A S V V K C C O P D O
A I O W I K R I V U L J A P E K
V K E E M O A P N S P D Y T Z O
O V O G A L Č R T A U R E Y K T
K I S B R Q A A Z G K N I L E A
O S D Z I K S R M U S H K Z O C
T Y E M P O P U B D W T U S M L
N Y M E E C J J R M A F R N W O
I U I R J K O V A L N A T A L S
K J K K D A L O B R E P I H N K
```

VOGAL	STRAN
LOK	ČRTA
ROBOVI	OVALNA
KROG	PIRAMIDA
VALJ	POLIGON
STOŽEC	PRIZMO
KOCKA	KVADRAT
KRIVULJA	PRAVOKOTNIK
ELIPSA	SFERA
HIPERBOLA	TRIKOTNIK

75 - Oceano

```
M  L  I  N  Z  J  G  S  M  C  V  K  O  D  O  U
U  K  A  L  Z  R  B  T  Q  A  C  I  Z  O  K  J
K  G  N  D  C  A  B  O  A  N  U  T  S  Q  E  G
V  N  E  B  E  R  G  T  J  Q  J  Z  W  M  O  S
J  E  G  U  L  J  A  C  I  N  T  O  B  O  H  L
W  L  I  P  B  P  Y  O  B  Z  I  Z  J  I  U  U
Z  A  R  P  G  E  L  Ž  E  L  V  A  R  I  B  E
Z  R  T  G  A  P  O  I  O  I  O  B  C  Y  T  C
Y  O  S  D  N  H  N  V  M  F  L  O  K  S  S  M
T  K  O  S  D  J  I  E  V  O  A  G  K  E  R  S
G  L  C  M  K  D  F  Z  V  O  V  W  M  H  O  H
A  I  D  C  T  O  L  U  E  I  G  A  Č  K  U  K
S  V  F  M  S  W  E  D  T  N  H  H  N  O  J  G
E  O  T  M  I  Y  D  E  W  Z  F  T  H  J  L  K
H  T  I  A  G  K  U  M  S  O  L  K  A  R  E  N
Q  U  O  Z  E  L  V  M  O  R  S  K  I  P  E  S
```

JEGULJA	OSTRIGE
KIT	RIBE
ČOLN	HOBOTNICA
KORALE	SOL
DELFIN	GREBEN
KOZICA	GOBA
RAK	MORSKI PES
PLIMOVANJE	ŽELVA
MEDUZE	NEVIHTA
VALOVI	TUNA

76 - Famiglia

```
D  D  Z  E  L  S  C  B  Q  P  L  I  L  T  Y  Z
I  E  E  B  O  M  D  C  C  P  J  R  Y  J  S  C
B  Y  K  D  W  U  L  U  Z  B  G  S  D  F  E  F
P  J  T  H  E  D  R  Y  P  N  B  W  B  Z  S  Y
T  T  C  Y  T  K  O  T  R  O  C  I  I  Z  T  H
H  Č  I  T  A  M  U  P  R  E  D  N  I  K  R  K
B  D  S  A  N  M  K  N  M  Q  W  Q  G  Q  A  I
A  M  E  R  E  W  M  O  V  T  Š  O  R  T  O  U
B  O  O  B  Ž  N  K  W  V  D  B  Q  N  U  Z  D
I  Ž  R  F  M  G  E  O  Č  E  T  O  V  S  K  I
C  I  R  T  S  G  Y  Č  D  P  R  M  M  M  G  R
A  S  B  S  L  H  J  N  A  N  R  E  T  A  M  U
T  D  A  N  H  Q  B  F  T  K  O  R  T  O  Č  E
T  E  T  A  B  R  A  T  R  A  N  E  C  B  O  H
B  I  H  A  P  V  U  E  Y  J  W  F  O  F  R  Q
D  G  T  M  J  H  H  G  L  P  O  F  C  H  N  Z
```

PREDNIK	ŽENA
OTROCI	NEČAK
OTROK	VNUK
BRATRANEC	BABICA
HČI	DEDEK
BRAT	OČE
OTROŠTVO	OČETOVSKI
MATI	SESTRA
MOŽ	TETA
MATERNA	STRIC

77 - Creatività

```
I U P H I D V A N G W L M T R R
N I O Z H D V I T A L N O S T N
T N A D J U E D S V D D O M Y K
E T B Y B J O J O T S O N S A J
N U A V T S U Č E I T N I N K W
Z I P D S C M E C S I A Z M Š O
I C T S O N T E R P S T N V I B
V I S R N M Z L Q G K N A O N Č
N J O A T V I Z M B J O J Q T U
O A N B S A I Š D C A P D R E T
S L D Q I I Q Z L D R S L S M E
T G I C R T S A I J C V J S U K
M E U Z P E P R T J I Y I L W O
J J L W L U Y Z C Z E J V I H H
Z D F U N S Z I C B M R A K P W
D R A M A T I Č N O E E M A T J
```

SPRETNOST	SLIKA
UMETNIŠKA	VTIS
PRISTNOST	INTENZIVNOST
JASNOST	INTUICIJA
DRAMATIČNO	IZNAJDLJIV
ČUSTVA	NAVDIH
IZRAZ	OBČUTEK
FLUIDNOST	SPONTANO
IDEJE	VIZIJE
DOMIŠLJIJA	VITALNOST

78 - Veicoli

```
V S K U T E R Q Q T S K D A N Y
A A H I V H S E J B R E B V M N
L K N B Z L W T T R I A A T Y A
P T S N J P N H U R H N J O G C
S A P T W V J D O O L A T E L R
Q K A J N R O V O T J V W K K E
V S N E C L V P L K R A Q I A T
L I G U Z G N I O A P R K T M P
A A V T O B U S K R A A K A B O
K R A K E T A S C T F K D M U K
M G V V F H D H P I I B A V L I
Z O U M Č O L N W N Z O U E A L
A Z T K F W U Z P H V H G N N E
V B W O A C I N R O M D O P T H
D R R D R D M O G H T V S L A F
I C J L Q H U I R C W C O F Q J
```

LETALO
AMBULANTA
AVTO
AVTOBUS
ČOLN
KOLO
TOVORNJAK
KARAVANA
HELIKOPTER
VAN

MOTOR
PNEVMATIKE
RAKETA
SKUTER
PODMORNICA
TAKSI
TRAJEKT
TRAKTOR
VLAK
SPLAV

79 - Emozioni

```
P Z H U K B W S P A F U W R V V
R L V M I W I T S O L A Ž E V E
E S A P I Q I R M R K B I L R S
S P L Y N R L A U T D K Q I O E
E O E O J I E H H J P B E E V L
N K Ž U L F A N I B E S V F Y J
E O E A O C T K I V B L M H A E
Č J N D V T S O N Z A J I R P J
E N E Z O S O N E Č Š O R P S T
N O Š U D O N O Z W T Q Z O H U
J S U K A N E Z E V J S C F J Č
E T D F Z Ž Ž Q B R G E V G S O
L I V L W E A J U L B T Z P Y S
B J A P R N L B J S L D Y A T H
T Z N B V P B F L D O L G Č A S
U G O P B V E D U B K M H I Q J
```

LJUBEZEN
BLAŽENOST
MIREN
VSEBINA
NAVDUŠEN
PRIJAZNOST
VESELJE
HVALEŽEN
DOLGČAS
MIR

STRAH
JEZA
SPROŠČEN
RELIEF
SOČUTJE
ZADOVOLJNI
PRESENEČENJE
NEŽNOST
SPOKOJNOST
ŽALOST

80 - Balletto

```
O P C M K D P Z G K N G U S I B
K L S T O H Z I F G H O M K O A
M E T I R E T S E K R O E L S L
F S H Y E C I Š I M G L T A Q E
D A M P O S A B S A L G N D I R
G L O B G Z P P M V V M I A N I
K C A I R L J R L B B U Š T T N
J I M W A J A V E A S Z K E E A
J B A B F G A R N T V A A L N K
T E O F I G E S T A N Z R J Z I
K L Z E J I C K E L E O Q L I N
O L O T A I Z R A Z N O S F V H
O T R Z T G Z K L I F E S T N E
D I F T S L O G A Y G S F I O T
E V H Z W F B W O Y U M Y A S P
Y J D O B Č I N S T V O N I T O
```

SPRETNOST
APLAVZ
UMETNIŠKA
BALERINA
PLESALCI
SKLADATELJ
KOREOGRAFIJA
IZRAZNO
GESTA
INTENZIVNOST

LEKCIJE
MIŠICE
GLASBA
ORKESTER
VAJA
OBČINSTVO
RITEM
SLOG
TEHNIKA

81 - Paesi #1

```
G L I B I J A I F Š K A R I N C
S J E I E O T N P M P A J Z I A
F Z Z I Q N K I U I F A N S Y G
R V N H K S Q T C B B J N A Z R
D O A H B A K Š E V R O N I D S
K A M B O D Ž A R F A K R V J A
O J A A Z L Q K O T Z O U I A A
F I N S K A U S M P I R I E D L
M Č A R V G M J U I L A M T J E
U M P V I E U L N G I M F N C U
A E I H Q N O O I E J H I A U Z
P N C Z T E G P J J A L B M P E
P P O C R S K E A I N D I J A N
Z R E I O A E Q W T B F B W P E
G K B M H N E R S L F Y G U T V
P U W Y D M V L O E I P H Z J U
```

BRAZILIJA
KAMBODŽA
KANADA
EGIPT
FINSKA
NEMČIJA
INDIJA
IRAK
IZRAEL
LIBIJA

MALI
MAROKO
NORVEŠKA
PANAMA
POLJSKA
ROMUNIJA
SENEGAL
ŠPANIJA
VENEZUELA
VIETNAM

82 - Geometria

```
B D E U Y W W N H Z L U L V G U
A N I Š R V O P D R R Q H Z W M
M O C M L O G I K A K U G P B R
W G S Y E E M E D I A N A O S Y
Y J C D E N N Q F I J K T R R J
R Y O D V Y Z W A J I R O E T K
F N O W K W T I M Z R P D N N
Š T E V I L K A J F T R V N E A
V I Š I N A V J O A E E A O M V
Z T M E T C U L Q D M M R B G P
S V D N O M L U T E I E O Z E I
Y M I A K J H V W L S R D T S Č
A L B Č I D H I B E Q L O I P N
O B C B R O A R T Ž L V V O I O
W F N A T P H K I T Y U K O T N
I Z R A Č U N P T S V U E U V T
```

VIŠINA	ŠTEVILKA
KOT	VODORAVNO
IZRAČUN	VZPOREDNO
KROG	DELEŽ
KRIVULJA	SEGMENT
PREMER	SIMETRIJA
DIMENZIJA	POVRŠINA
ENAČBA	TEORIJA
LOGIKA	TRIKOTNIK
MEDIANA	NAVPIČNO

83 - Foresta Pluviale

```
D G M B O T A N I Č N I D R M P
S E S A L C I M I C L K V A T R
D Ž U N G L A T H M R A O Z U E
S U M T N P Ž W Z D J L Ž N S Ž
Y I V C J Q Q U L T Z B I O K I
J O Y R W C P Y Ž N J O V L U V
I V P N S O U A E E Z M K I P E
F Z A V C T Y W J J L R E K N T
N O P L I E E B B N V K E O O J
Z A T O Č I Š Č E A R P E S S E
Y V E P C E D S N J E T I T T J
H A V O N B O B D N D I K D C K
R R V H Z O U S O A N C P A Q R
V A M H C C A H P R O E Z D S O
H N Y A C K B C F H N R Z D M N
Y P J H H O F A N O T H O T V A
```

DVOŽIVKE
BOTANIČNI
PODNEBJE
SKUPNOST
RAZNOLIKOST
DŽUNGLA
AVTOHTONA
ŽUŽELKE
SESALCI
MAH

NARAVA
OBLAKI
OHRANJANJE
VREDNO
OBNOVA
ZATOČIŠČE
PREŽIVETJE
VRSTE
PTICE

84 - Edifici

```
N  J  I  R  O  T  A  V  R  E  S  B  O  J  S  S
F  G  L  E  Q  B  O  Q  D  Q  A  Q  Y  T  U  T
B  W  L  S  G  A  S  V  N  J  E  Z  U  M  P  A
U  N  I  V  E  R  Z  A  A  I  F  D  E  K  E  N
C  Z  L  H  O  S  T  E  L  R  Y  Y  G  M  R  O
O  P  U  F  P  H  G  L  I  O  N  D  L  E  M  V
H  O  T  E  L  A  K  S  L  T  O  A  E  T  A  A
T  G  M  G  O  A  B  I  Y  A  I  O  D  I  R  N
G  L  B  O  T  Y  N  O  Q  R  D  Y  A  J  K  J
R  T  G  V  S  Q  A  I  U  O  A  F  L  A  E  E
A  H  V  N  J  Y  S  R  B  B  T  G  I  L  T  Y
D  Š  Q  H  H  K  I  O  O  A  S  R  Š  A  H  H
Z  B  O  Š  O  T  O  R  U  L  K  R  Č  G  G  K
T  C  T  L  O  Z  P  Q  V  R  I  T  E  N  G  C
Q  Y  S  Y  A  L  M  C  Y  J  N  E  D  E  K  S
B  O  L  N  I  Š  N  I  C  A  O  P  Y  L  Q  I
```

STANOVANJE	BOLNIŠNICA
KABINA	OBSERVATORIJ
GRAD	HOSTEL
KINO	ŠOLA
TOVARNA	STADION
KMETIJA	SUPERMARKET
SKEDENJ	GLEDALIŠČE
HOTEL	ŠOTOR
LABORATORIJ	STOLP
MUZEJ	UNIVERZA

85 - Malattia

```
E  U  F  N  Y  J  Z  Y  D  I  H  A  L  N  E  F
N  E  V  R  O  P  A  T  I  J  A  O  M  O  L  D
G  C  J  K  T  T  S  C  K  C  Q  D  A  F  Z  E
S  I  N  D  R  O  M  T  S  V  S  H  G  E  J  D
B  J  K  S  K  D  M  S  C  M  C  C  I  T  Y  N
A  A  N  T  U  K  A  R  I  B  H  O  G  O  B  O
K  L  S  L  A  B  R  C  W  E  L  L  N  E  S  S
T  E  Y  F  B  Y  D  E  A  J  J  E  C  R  K  I
E  R  P  L  J  U  Č  N  E  V  K  T  L  Q  I  M
R  G  K  R  O  N  I  Č  N  A  R  A  E  A  A  U
I  I  U  A  A  J  I  P  A  R  E  T  L  N  E  N
J  J  K  V  B  I  Z  W  G  D  C  Y  U  E  V  O
S  E  B  S  H  R  K  K  B  Z  D  B  P  V  M  S
K  D  E  J  N  O  U  O  I  Q  B  I  B  D  C  T
E  L  H  A  N  E  P  G  D  K  K  I  W  E  H  B
P  V  Y  T  C  S  G  V  I  J  L  Z  E  L  A  N
```

AKUTNA
ALERGIJE
BAKTERIJSKE
WELLNESS
NALEZLJIV
TELO
KRONIČNA
SRCE
SLAB
DEDNO

GENSKI
IMUNOST
VNETJE
LEDVENA
NEVROPATIJA
PLJUČNE
DIHALNE
ZDRAVJE
SINDROM
TERAPIJA

86 - Paesi #2

L U G A N D A R Y T N N A D U S
H A L S W B A J I P O I T E T H
N W O L V Y K N F G C G J I U H
U A Y S G G S Q V T R E O K O D
H K G A J I N A B L A R G S C T
S S R J W K O E G A J I S U R C
T P Y A I A P O I J A J I Č R G
J V F J J N A T S I K A P M Q H
H W M I Q I J O Y Z J J Z E M J
A K S R I O N G I E A I M H A M
I Z E I V I C A T N M R A I T K
T D J S I K Q L N O A E R K W S
I D A N S K A N N D J B Q A S N
N E P A L Y N V I N G I E O G I
H J G O K C W H Z I O L S Z Z U
M C A N O A Z I C V Q V G W C E

ALBANIJA   LIBERIJA
DANSKA   MEHIKA
ETIOPIJA   NEPAL
JAMAJKA   NIGERIJA
JAPONSKA   PAKISTAN
GRČIJA   RUSIJA
HAITI   SIRIJA
INDONEZIJA   SUDAN
IRSKA   UKRAJINA
LAOS   UGANDA

87 - Tipi di Capelli

```
Z  K  K  Q  Č  S  S  I  E  H  W  Q  A  Y  M  S
V  O  R  O  R  C  I  L  I  K  L  R  A  U  H  U
A  D  A  R  N  P  L  E  T  E  N  O  W  L  I  H
L  R  T  G  A  L  E  T  D  U  K  F  K  U  Z  A
O  A  E  U  L  N  B  I  L  P  M  Y  Q  H  V  V
V  S  K  M  E  O  E  K  N  I  P  V  A  H  E  R
I  T  O  H  B  R  D  B  L  O  N  D  Z  J  K  M
T  I  M  C  P  B  L  M  T  N  N  Q  N  T  B  J
A  T  W  Q  F  E  F  H  J  Z  G  S  V  A  U  N
Q  B  A  M  Z  R  K  Q  M  V  D  W  D  N  Q  F
P  L  E  Š  A  S  T  G  L  A  D  K  O  E  L  C
S  Y  Q  P  A  G  W  K  I  R  H  D  B  K  A  M
G  I  R  D  O  K  J  A  H  D  G  P  P  B  V  C
I  V  V  A  J  R  B  I  P  Z  Q  S  F  Q  K  L
W  G  W  A  V  I  S  W  R  P  H  O  K  G  D  O
C  A  P  P  N  S  U  T  O  C  K  U  H  I  P  Y
```

SREBRO	RJAV
SUHA	MEHKO
BELA	ČRNA
BLOND	VALOVITA
KRATEK	KODRASTI
PLEŠAST	KODRI
SIVA	ZDRAV
PLETENO	TANEK
GLADKO	DEBEL
DOLGA	KITE

88 - Vestiti

```
O S D T P I A P A S G D H H C T
B V K A V B O J K E T L A Z Z T
L I P O G R L I C A N K A J W B
E P L A Š E G E T L W M O D A L
K R A A Z A P E S T N I C A C U
A E Š P D P R B A S R U L W J Z
R D Č I K N U K Q S Z B P N A A
O P J Ž C F A L T T Q F V Y R Č
K A Y A E D O S O D H N Q U S E
A S N M G T H K P V O L T E S V
V N A E B K B R Q B E B A O I E
I I G P J Z R I U C M R J Č O L
C K U B O L K L C G P C A E E J
E G Y S B T G O H G U Q N I R Q
Q V A B G G S P V S Z A U Z G D
H D K A P L O D K Q F C A J L F
```

OBLEKA
ZAPESTNICA
BLUZA
SRAJCA
KLOBUK
PLAŠČ
PAS
OGRLICA
JAKNA
KRILO

PREDPASNIK
ROKAVICE
KAVBOJKE
PULOVER
MODA
HLAČE
PIŽAME
SANDALI
ČEVELJ
ŠAL

89 - Attività e Tempo Libero

```
E J N A V O P U K A N K U D P G
V I J O D K H M L R V O M E O O
R P A Z G M V G L M L Š E S H L
T O J R S O V I D J U A T K O F
N J M S K P M P N F Y R N A D P
A J B O K S N E U P U K O N N O
R R I B O L O V T F L A S J I T
J R P D Y E M T I E W G T E Š A
E W W N Z O D B O J K A S L T P
N T M V B I T C S N I H R T V L
J J E S L I K A H A I B T Z O J
E C D N D E J N A V O T O P F A
U F A B I S I N R A R J E H A N
L L A B E S A B Y L H C C L C J
E Č O J U Č Š O R P S H G D T E
D O Z K H Q K A M P I R A N J E
```

UMETNOST	POTAPLJANJE
BASEBALL	PLAVANJE
KOŠARKA	ODBOJKA
BOKS	RIBOLOV
NOGOMET	SLIKA
KAMPIRANJE	SPROŠČUJOČE
POHODNIŠTVO	NAKUPOVANJE
VRTNARJENJE	DESKANJE
GOLF	TENIS
HOBIJI	POTOVANJE

90 - Arte

```
Z  C  Q  Q  K  N  A  D  R  E  A  L  I  Z  E  M
A  F  W  Q  O  O  V  F  U  Y  S  G  J  U  N  F
R  E  T  F  A  K  M  M  S  H  L  O  B  M  I  S
Z  W  Z  T  R  R  D  P  A  V  I  J  A  J  B  D
I  Z  V  I  R  N  I  K  L  N  K  S  Z  N  Z  J
T  E  M  D  E  R  P  J  O  E  A  Z  L  I  O  I
I  N  V  Y  O  B  F  U  D  R  K  H  E  I  H  M
R  C  T  C  T  Z  F  A  F  K  F  S  V  J  K  M
A  V  A  T  S  E  S  H  K  S  H  W  Y  B  L  E
V  J  K  E  O  E  H  D  W  I  O  E  I  S  R  F
T  M  I  Y  R  A  Z  P  O  L  O  Ž  E  N  J  E
S  W  P  Z  P  Q  K  I  P  A  R  S  T  V  O  I
U  Y  G  N  E  J  N  H  I  D  V  A  N  D  O  K
P  K  H  C  R  O  N  B  E  S  O  E  C  W  C  Z
V  K  R  I  P  Z  P  V  I  Z  U  A  L  N  O  N
R  Q  L  O  C  J  M  K  E  R  A  M  I  K  A  R
```

KERAMIKA	OSEBNO
KOMPLEKS	POEZIJA
SESTAVA	KIPARSTVO
USTVARITI	PREPROSTO
SLIKE	SIMBOL
IZRAZ	PREDMET
SLIKA	NADREALIZEM
NAVDIHNJEN	RAZPOLOŽENJE
ISKREN	VIZUALNO
IZVIRNIK	

91 - Meteo

```
V  T  S  J  P  M  S  B  D  U  J  Y  Q  G  U  R
G  R  D  U  V  E  T  R  I  Č  L  W  O  F  Z  D
M  O  R  G  H  O  R  Q  S  M  A  D  Z  N  W  E
N  P  V  W  Y  A  R  U  T  A  R  E  P  M  E  T
E  S  S  O  C  H  Z  T  I  V  E  L  E  H  U  G
V  K  R  T  D  G  T  B  G  R  F  W  P  H  P  A
I  I  O  L  R  E  V  Y  P  I  S  A  D  J  W  Q
H  F  T  B  H  E  E  B  Q  C  O  B  E  N  C  E
T  F  U  T  L  K  L  K  M  A  M  C  F  A  M  N
A  S  G  A  T  A  E  E  O  L  T  E  T  K  W  D
P  J  C  D  I  U  K  V  N  G  A  S  O  R  C  H
P  O  L  A  R  N  I  H  S  E  G  U  R  O  Y  L
P  O  D  N  E  B  J  E  U  M  Q  Š  N  G  A  W
V  E  T  E  R  W  G  Y  N  E  R  A  A  S  N  A
U  R  C  W  C  N  G  U  U  V  E  A  D  U  G  Q
W  V  R  N  T  R  G  S  Q  Q  V  G  O  W  Y  V
```

MAVRICA	OBLAK
SUHA	POLARNI
ATMOSFERA	SUŠA
VETRIČ	TEMPERATURA
NEBO	NEVIHTA
PODNEBJE	TORNADO
STRELE	TROPSKI
LED	GROM
MONSUN	ORKAN
MEGLA	VETER

92 - Corpo Umano

```
C S L B P Q V T B B D K J K Z M
Z A R B O I K O Ž A V O N O S I
F M S C E D O L E Ž W L E F F F
P A L C E L O M O K L E Ž T D K
P R K D G N L A Z K A N E P K M
B Y N F Y O R U R B O O L F S M
C M R U D G I S V Q U W G E K I
E A J N S A S T A R V I F H Y M
U E A J I D I A S B Y F A V M V
Z S D C R A O K J R K W T O Y Q
V O J V G R N O P T P A V T F Z
G M B S T B S R M O Ž G A N I H
O R Q L O M R J O W F V B V Q
S E L R Q Q T U T L I L A H I B
L Q U H O K R I Y O D U L S C W
O Z Y Z T U P V H H K A G F D M
```

USTA	ROKA
GLEŽENJ	BRADA
MOŽGANI	NOS
VRAT	OKO
SRCE	UHO
PRST	KOŽA
OBRAZ	KRI
NOGA	RAMA
KOLENO	ŽELODEC
KOMOLEC	GLAVA

93 - Mammiferi

```
E Q W K U W L J M Ž Y L O V Z K
S L H M T K T F V R I K C O E E
L L R K D S L O N U B R H L B N
M A Č K A C I S I L P C A K R G
G C W S W J N O K O I L P F A U
O I B P S E P V O K I T D A A R
R P L E V L U K G K O G E H F U
I O K O K E K W O K E V L J E F
L L P W V N W J D J M R F Z W B
A M G K W C B I K L O L I Z Z A
J V W Y S E E Z Z P Z T N U Q T
W U U U P J T S M E D V E D W D
Z Z U N D A R Q A E Y P H J S R
E Q L H C Z Q G A Y R J Z O T N
J E W M G M T D G P C P M Z L J
R E P O P B G K F N U C U O L D
```

KIT	ŽIRAFA
PES	GORILA
KENGURU	LEV
KONJ	VOLK
JELEN	MEDVED
ZAJEC	OVCE
KOJOT	OPICA
DELFIN	BIK
SLON	LISICA
MAČKA	ZEBRA

94 - Cucina

```
Y H G F H E S Z O N O Z S M P E
H J S Q Q K P W A U Q V P G W H
K O T L I Č E K K K M C Q U I F
I Ž O N E B M I Č A Z W N S P S
N H R A N A F N U O Z R O U B K
L Z A J E M A L K A S E I B M L
A W S D C F W I I E I C R H M E
V G F N I Q E D N E W E J A R D
O M B K L K U A S F Q P V N E A
Z V W L E K Č L A P P T T L E B
R Ž F J D Č L H P S E C I L I V
M A A B O G I N D O Č F U H K T
A A A R K Z F T E C I L Ž S G Q
Z G J L S I S B R E C P S N C B
U T V E B Y N W P P A T O S Q K
Y K N J M V R Č V O J L W T I S
```

PALČKE	HLADILNIK
KOTLIČEK	PREDPASNIK
VRČ	ŽAR
HRANA	ZAJEMALKA
SKLEDA	RECEPT
NOŽI	ZAČIMBE
ZAMRZOVALNIK	GOBA
ŽLICE	SKODELICE
VILICE	PRTIČEK
PEČICA	JAR

95 - Giardinaggio

```
C G H R C T S B P O D N E B J E
I V H T V A E B O Š O P E K D V
L P E S E B M P C T R F J F Z U
N Y T T T V E O H O A R T U R M
L A S V N V N S S R D N S O W N
K V R B U I A O C R O O I P F R
A O V J V B A D W E V R L Č R F
J N M O J W O A U Ž I T N A N M
N Č L P L I S T V V S T I P V I
V I A I O G B B L L E O A P B Y
O T C E V S S B A Q Z S N U L T
D O H U C D T A G J O M Y V V H
A S S T A B R M A L N P R S T Q
S K E M O R K V S I S M O K P R
B E K D R I J L T V K H T C F O
U M A Z A N I J A C O O Q L Y H
```

VODA
BOTANIČNI
PODNEBJE
UŽITNA
KOMPOST
POSODA
EKSOTIČNO
CVET
CVETNI
LIST

LISTJE
SADOVNJAK
ŠOPEK
SEMENA
VRSTE
UMAZANIJA
SEZONSKO
PRST
CEV
VLAGA

96 - Jazz

```
K O Ž D I D R A F H J I J B Y I
K V R A D W Y B T R E C N O K M
V O D K N D F S N E V A L S D P
P N F R E R B A E S T A R N J R
E C A U I S W L L S Y D H H E O
S A L B U M T G A R T J Q I T V
E P H U H J L E T A D A L K S I
M E T I R L S T R I P P V G N Z
P O U D A R E K F J Y S S A A A
G E Q W H A P L A V Z H Q B J C
G O P K R K I N T E M U B D L I
F B G M T I G C H V S L O G J J
F C R F O N V N D M V U Q A U A
O R D H N H A S W K D Z D W B N
Z G N D U E C U I U O O O J Š K
H D N F F T F O V G R P Z M I O
```

ALBUM	IMPROVIZACIJA
APLAVZ	GLASBA
UMETNIK	NOVO
PESEM	ORKESTER
SKLADATELJ	NAJLJUBŠI
SESTAVA	RITEM
KONCERT	SLOG
POUDAREK	TALENT
SLAVEN	TEHNIKA
ŽANR	STAR

97 - Vacanze #2

```
K W K Q S S Y H I M Z D P L K P
A J I C A R V A T S E R O E A O
T U J E C V L A K A K K Č T M T
R G Z H L R T Ž U Č O A I A P O
T A O E N J L A F I T T T L I V
P Q V W M H T L E T O H N I R A
Q T E J A L B P G S Y E I Š A N
P M R N N D J V F O E O Č N J
R V P E O J L E O R L Z E E J E
J J M N N Y I Q V P U H F F E Y
Q L I O Y J C L R I V I Z U M F
U A F R R O T O Š A D G T L D V
Z E C C E J I F A R G O T O F V
K V F S J P E J B Q J U E D O N
A H K E Z Z F A V L Z R K E W N
T I P O T N I L I S T P T U F S
```

LETALIŠČE
KAMPIRANJE
CILJ
FOTOGRAFIJE
HOTEL
OTOK
ZEMLJEVID
MORJE
POTNI LIST
RESTAVRACIJA

PLAŽA
TUJEC
TAKSI
PROSTI ČAS
ŠOTOR
PREVOZ
VLAK
POČITNICE
POTOVANJE
VIZUM

98 - Attività

```
W F R R C T S O N T E M U R F P
Y R E H P S O M B L O V J I O O
O R K T K O R C A R Y U F B T H
P L E S F N O G B G T Q Y O O O
B P D O K T Z B F O I I H L G D
T M V N K E K N A G U J Z O R N
E V R V A R R D B S N Z A V A I
B P T I M P W A N A Q L M E F Š
F G N T P S U W M Č V E U T I T
Z W A K I W A C I I Q B Ž I J V
F D R A R Q F Y D T K L I T A O
P E J N A R B F T S N A T S B R
K R E J N A V I Š O I K E O D L
U G N M J T W Q M R E G K R B Y
G I J V E Z P N S P Z H Y P J K
C U E M C H H H T U F Z S S S M
```

SPRETNOST
UMETNOST
OBRTI
AKTIVNOST
LOV
KAMPIRANJE
KERAMIKA
ŠIVANJE
PLES
POHODNIŠTVO

FOTOGRAFIJA
VRTNARJENJE
IGRE
BRANJE
MAGIJA
RIBOLOV
UŽITEK
UGANKE
SPROSTITEV
PROSTI ČAS

99 - Diplomazia

```
D Y Z F Y B G P P N E O R U Y D
A I P R A V I Č N O S T F T J R
M K S V A R N O S T V N V Y V Ž
B S S K I Q Y I D V P E V E I A
A T O P U T V L A D A K I T E V
S A D O H S H Y C I V I C Z H L
A M E L U O I A E J B L H L Z J
D O L I M T K J L N T J W G U A
O L O T A I I I A B D O G O P N
R P V I N V Z C V R K O N N Z I
P I A K I O E U O R E Š I T E V
U D N A T L J L T K I L F N O K
D U J Q A E R O E W N Q D M U S
C T E K R C H S V Y L B G I Y A
E A B W N F S E S O Q O S L K Q
H B V U A P Z R S K U P N O S T
```

AMBASADOR
DRŽAVLJANI
CIVIC
SKUPNOST
KONFLIKT
SVETOVALEC
SODELOVANJE
DIPLOMATSKI
DISKUSIJA
ETIKA

PRAVIČNOST
VLADA
CELOVITOST
JEZIKIH
POLITIKA
RESOLUCIJA
VARNOST
REŠITEV
POGODBA
HUMANITARNA

100 - Forniture Artistiche

```
Y H V Š O D K Z U N L V L E R G
P T Q Č Q Y A P P Y W J S C A L
L R T E J L G O T O F O V P D I
U L C T C E P O R M F Z I D I N
H S D K E R A G T Y I Y N G R A
M F T E D A P S A F D D Č P K T
H D H O Y V I Z W N E D N U A N
T F E D J K R H L O J N I U P Q
T A R A P A O T O F E M K I V H
P B H E L I L Č I C M D I A V V
L E P I L O T O R S T O L F O C
U V S W S D A Z W N C A A F D F
B R W A T S B L E L I R K A A S
J A M B N N E T Q W V L O L J E
A B H P E I L E T S A P O P A T
T T S O N L A J R A V T S U K R
```

VODA
AKVAREL
AKRIL
GLINA
OGLJE
PAPIR
STOJALO
LEPILO
BARVE
USTVARJALNOST

RADIRKA
IDEJE
ČRNILO
SVINČNIKI
OLJE
PASTELI
STOL
ŠČETKE
TABELA
FOTOAPARAT

1 - Salute e Benessere #2

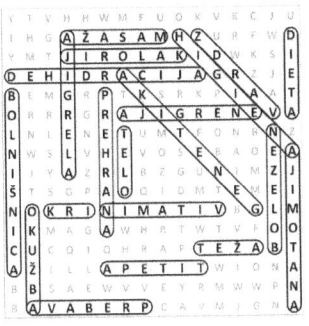

2 - Aggettivi #2

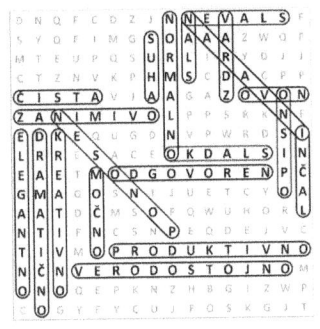

3 - Ingegneria

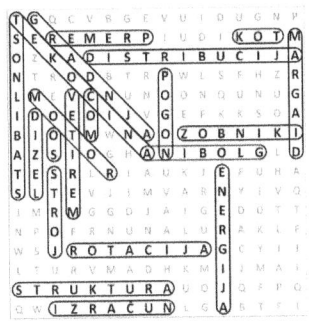

4 - Archeologia

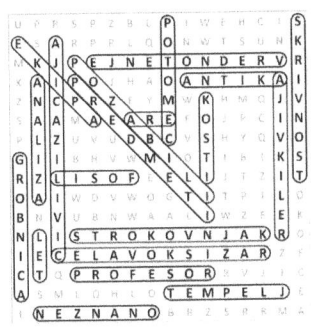

5 - Salute e Benessere #1

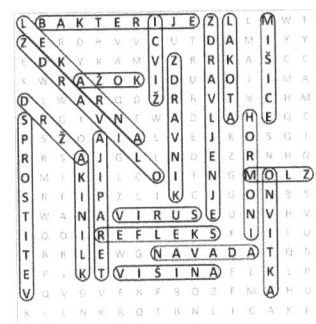

6 - Aggettivi #1

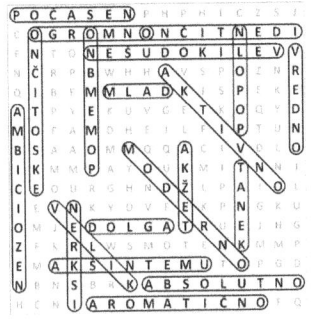

7 - Geologia

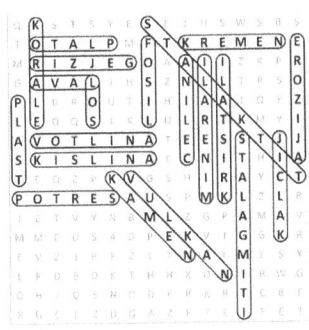

8 - Campeggio

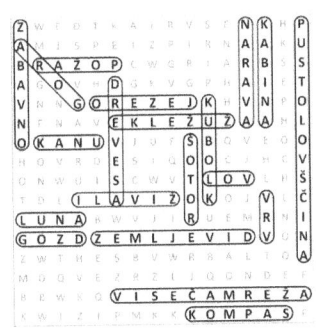

9 - Arti Visive

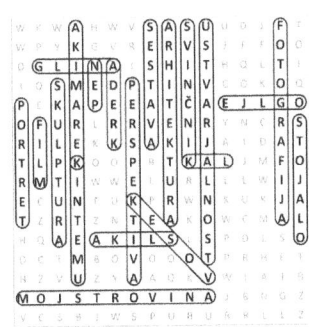

10 - Tempo

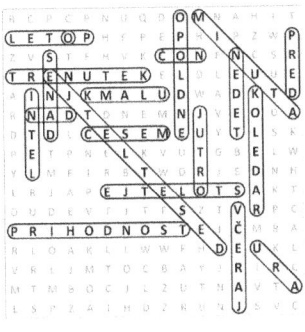

11 - Astronomia

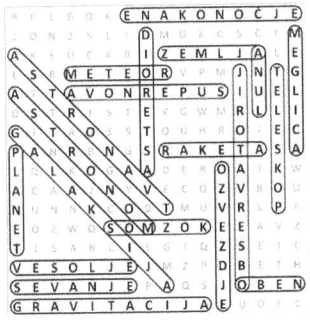

12 - Algebra

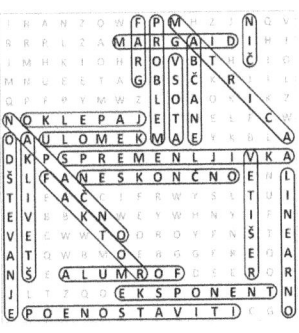

13 - Mitologia

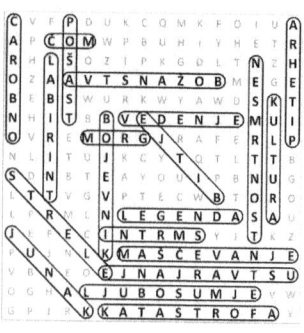

14 - Piante

15 - Spezie

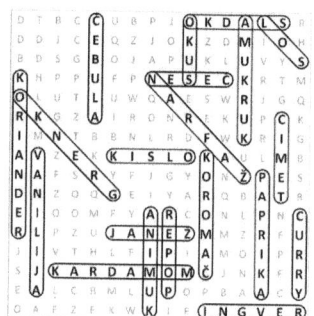

16 - Numeri

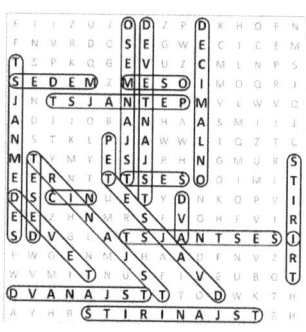

17 - Cioccolato

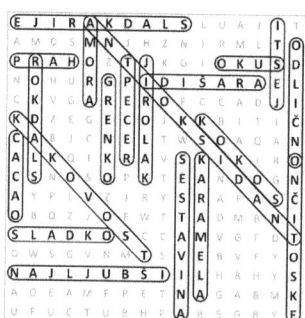

18 - Guida

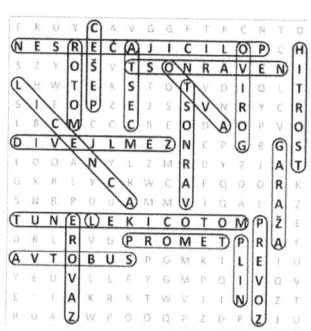

19 - I Media

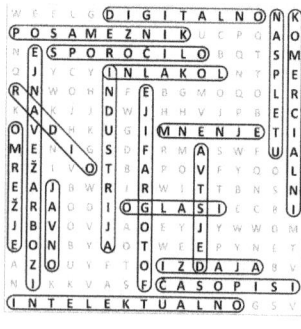

20 - Forza e Gravità

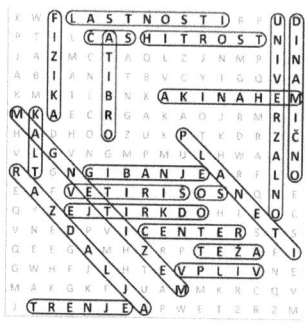

21 - Uccelli

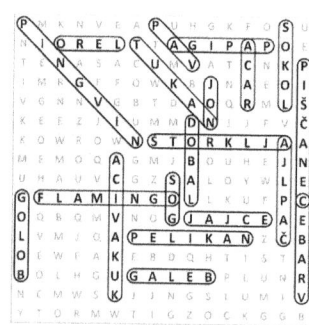

22 - Giorni e Mesi

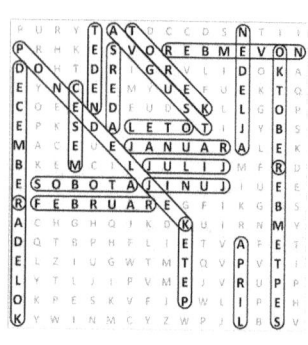

23 - Casa

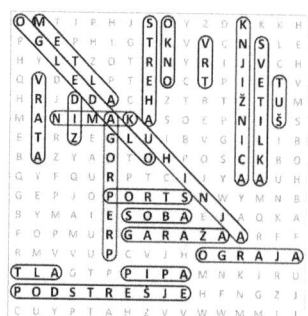

24 - Ristorante #1

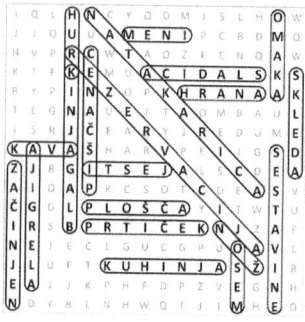

25 - Fantascienza

26 - Città

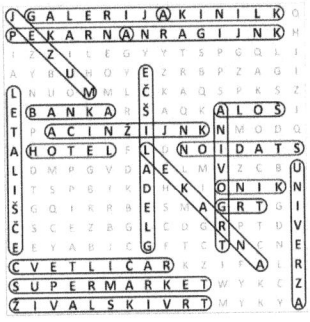

27 - Fattoria #1

28 - Psicologia

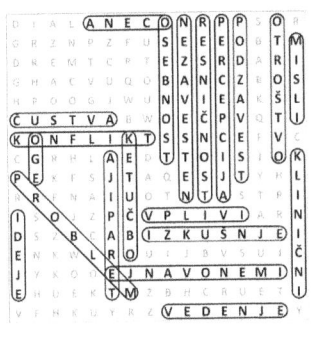

29 - Paesaggi

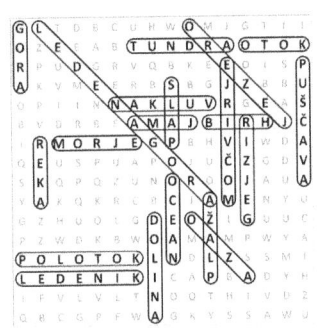

30 - Energia

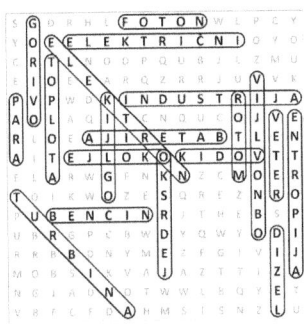

31 - Ristorante #2

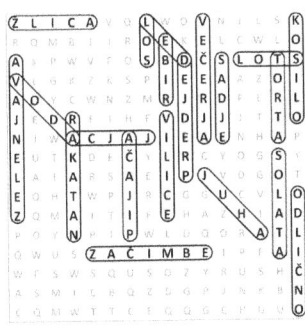

32 - L'Azienda

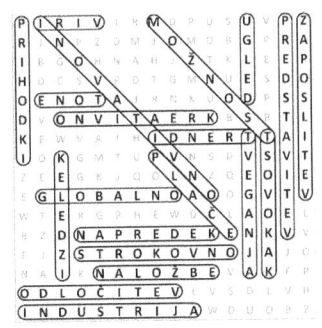

33 - Giardino

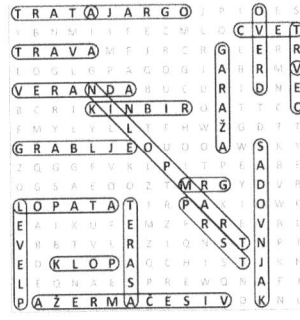

34 - Riscaldamento Gl

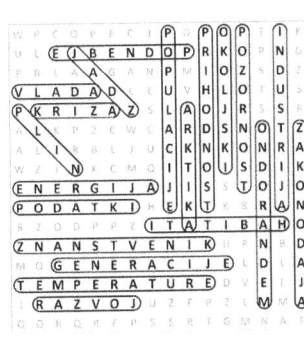

35 - Frutta

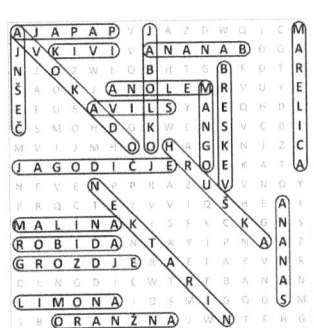

36 - Fattoria #2

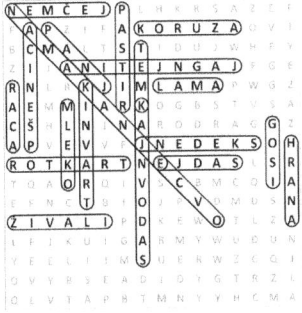

37 - Verdure

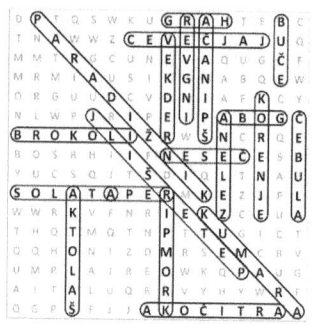

38 - Musica

39 - Barbecue

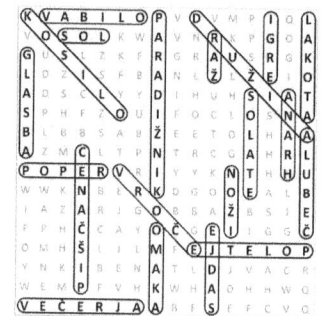

40 - Insetti

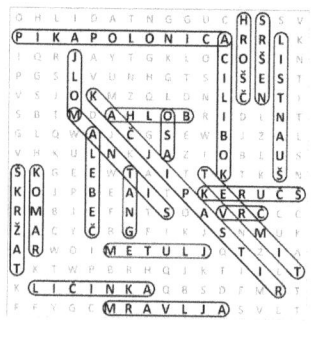

41 - Fisica

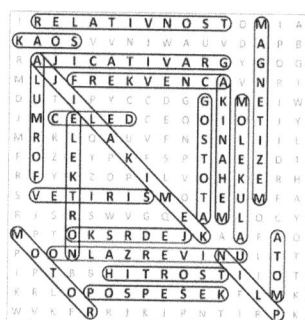

42 - Agronomia

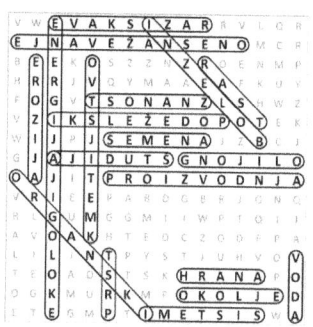

43 - Erboristeria

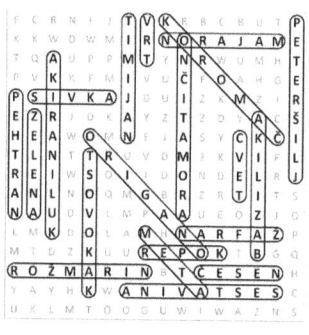

44 - Biologia

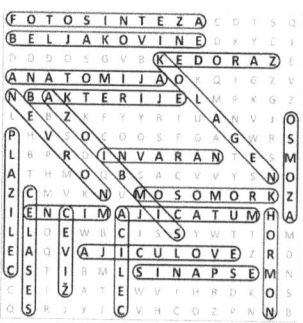

45 - Attività Commerciale

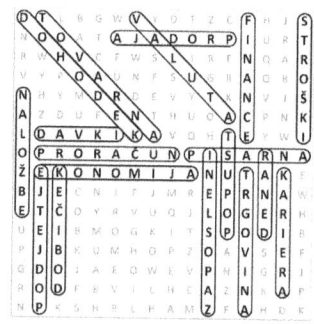

46 - Fiori

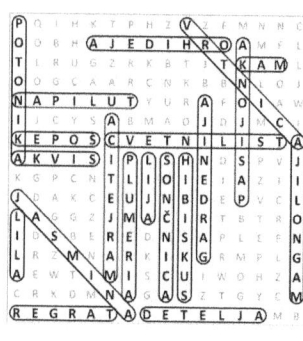

47 - Filantropia

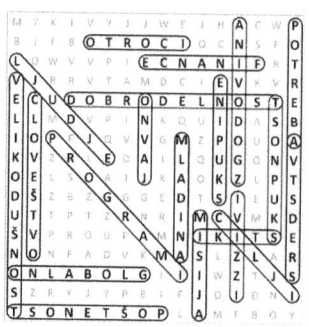

48 - Ecologia

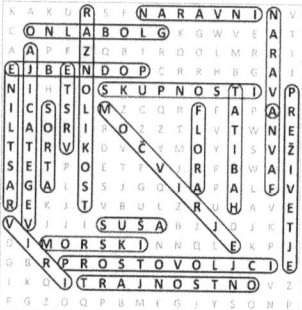

49 - Discipline Scientifiche

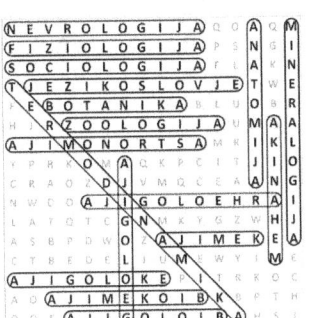

50 - Scienza

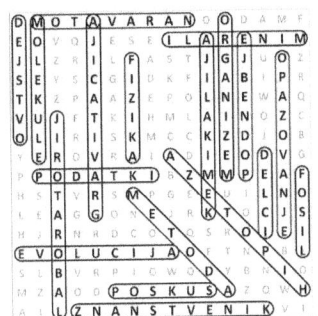

51 - Acqua

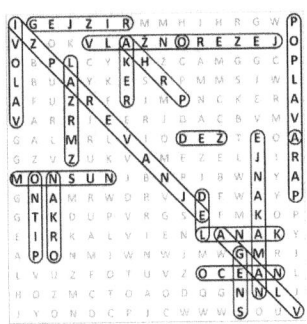

52 - Imbarcazioni

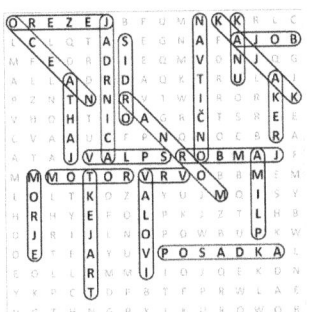

53 - Chimica

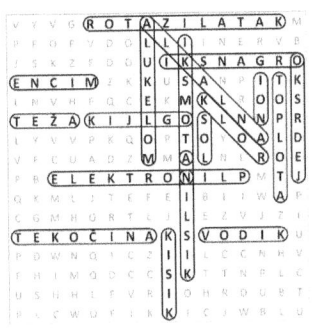

54 - Api

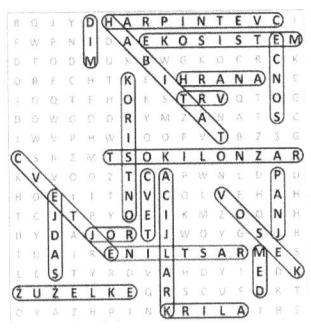

55 - Strumenti Musicali

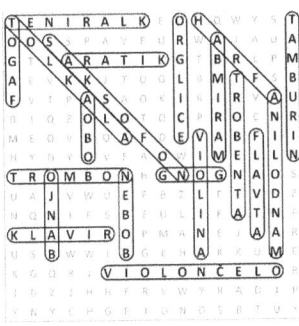

56 - Professioni #2

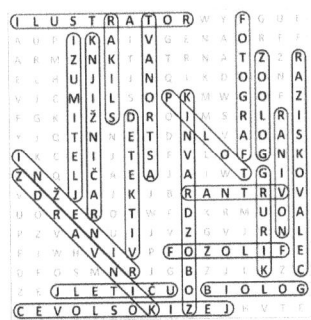

57 - Letteratura

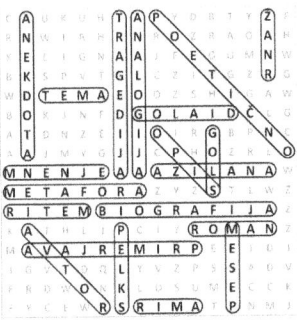

58 - Cibo #2

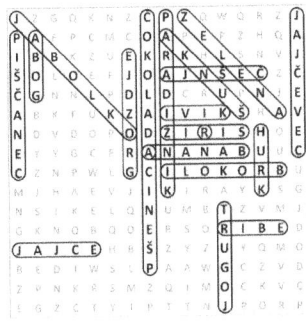

59 - Nutrizione

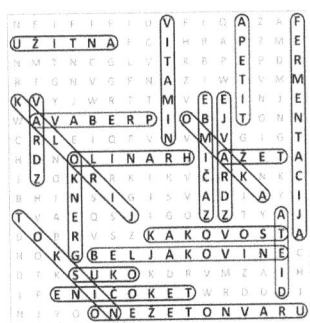

60 - Matematica

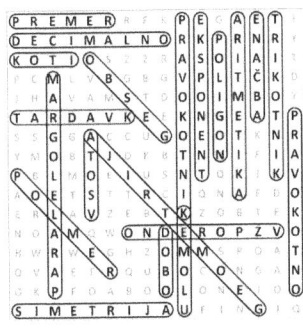

61 - Meditazione

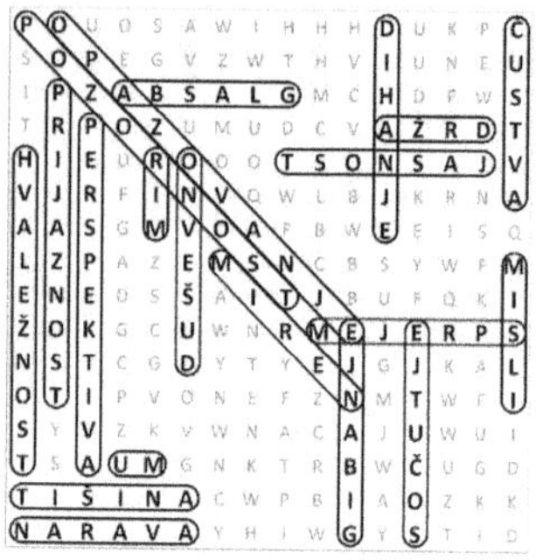

62 - Elettricità

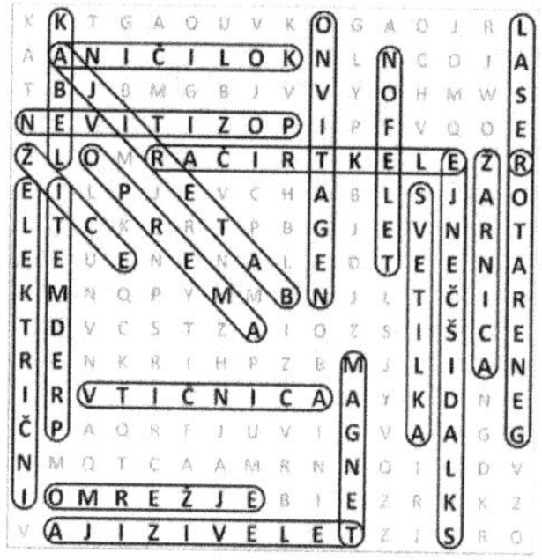

63 - Antiquariato

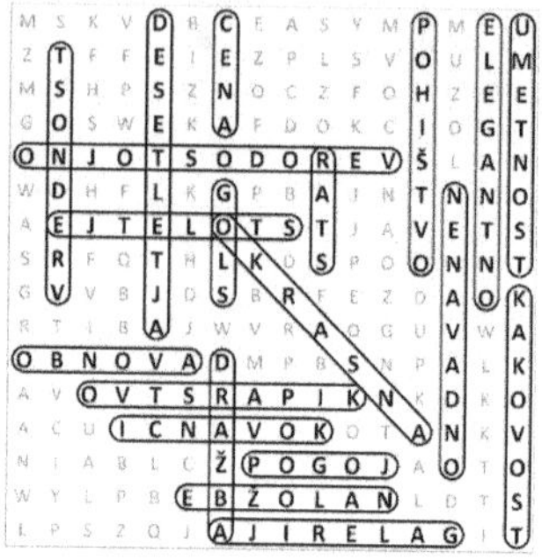

64 - Escursionismo

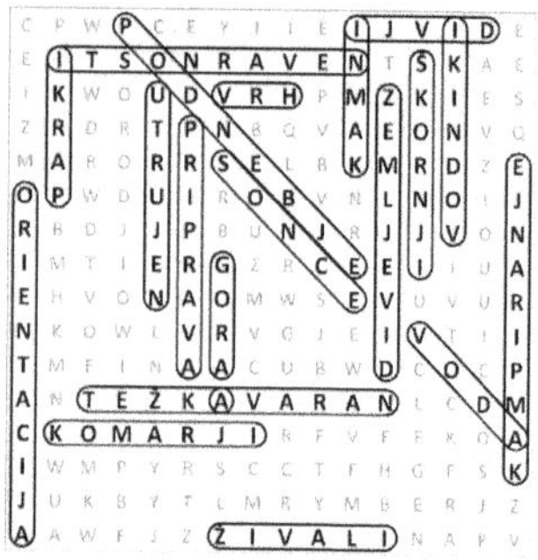

65 - Professioni #1

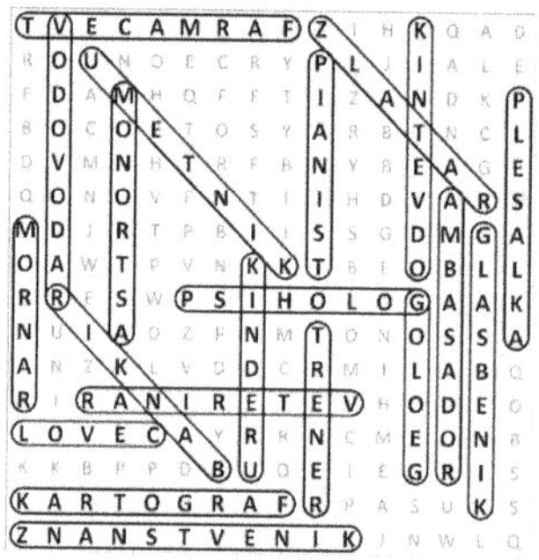

66 - Antartide

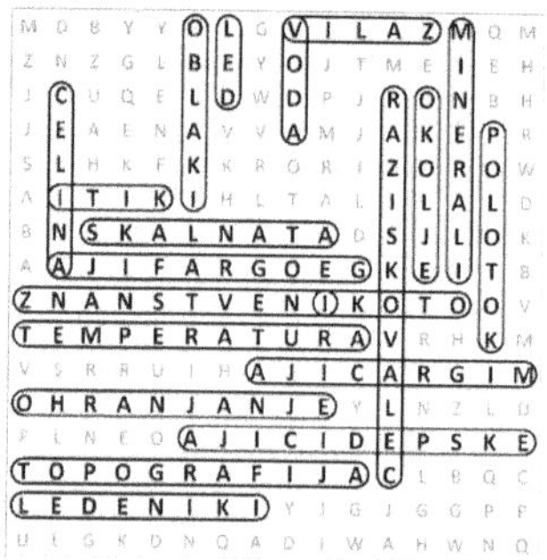

67 - Libri

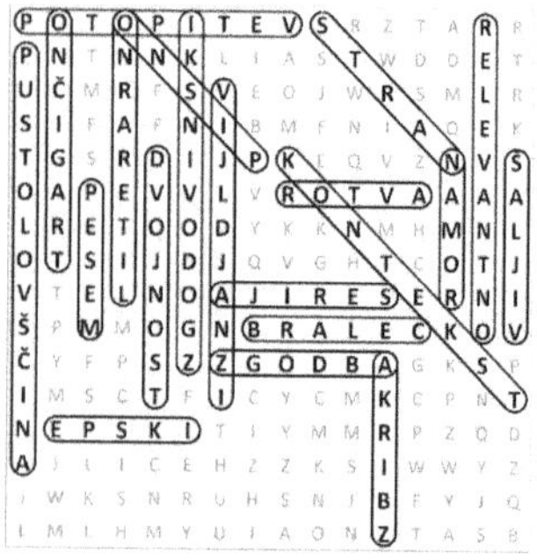

68 - Geografia

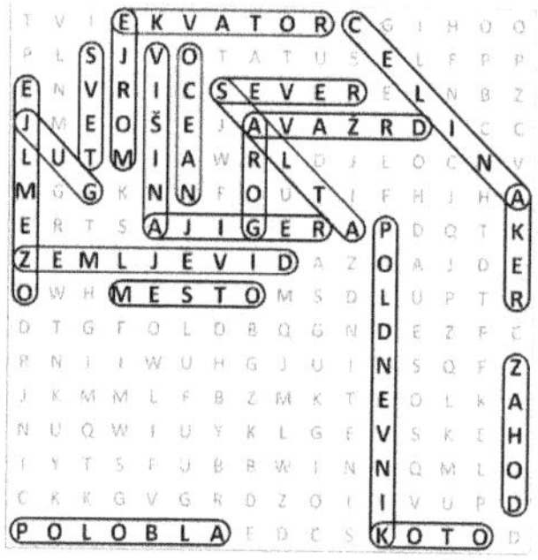

69 - Cibo #1

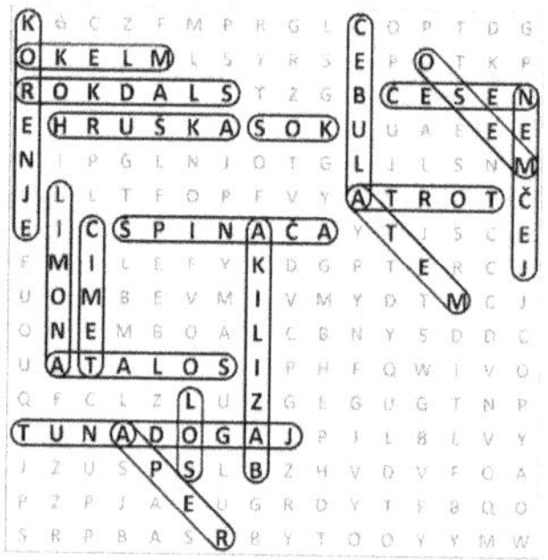

70 - Aeroplani

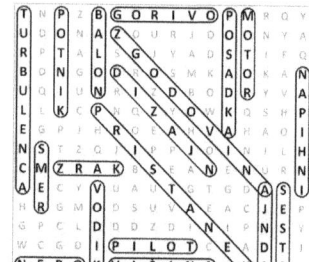

71 - Governo

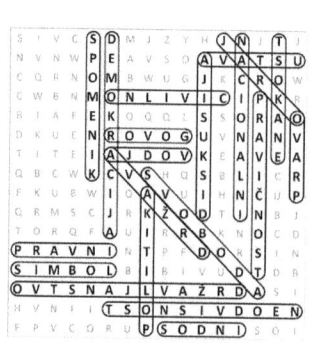

72 - Bellezza

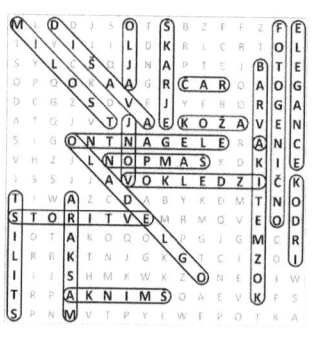

73 - Avventura

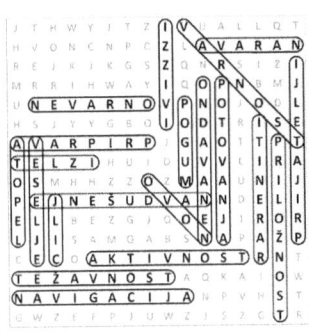

74 - Forme

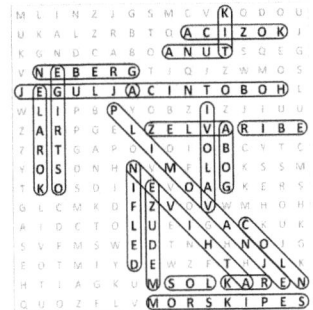

75 - Oceano

76 - Famiglia

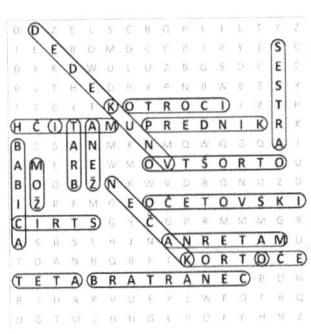

77 - Creatività

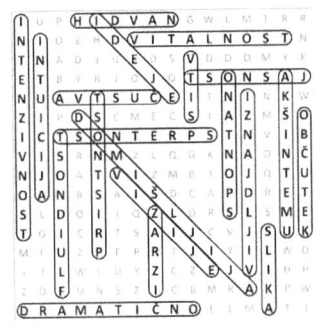

78 - Veicoli

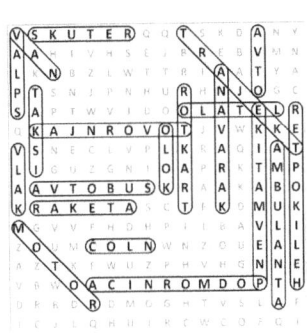

79 - Emozioni

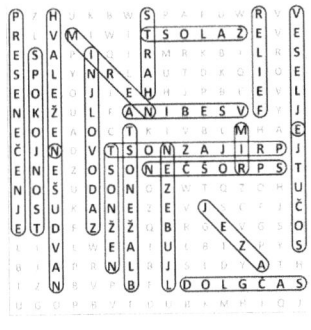

80 - Balletto

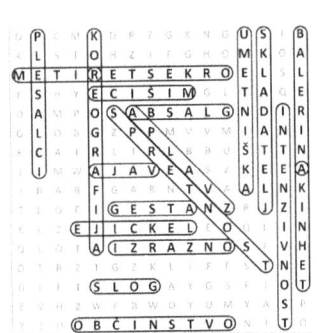

81 - Paesi #1

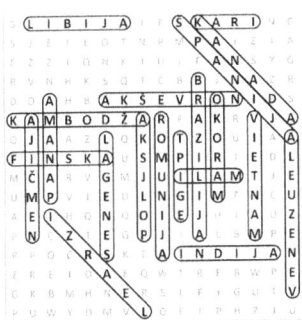

82 - Geometria

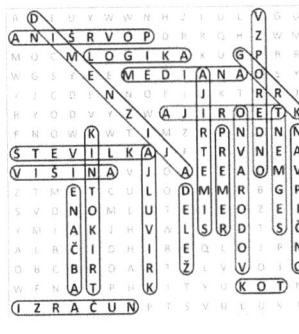

83 - Foresta Pluviale

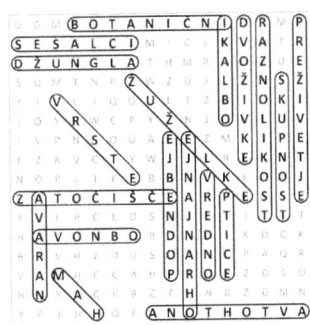

84 - Edifici

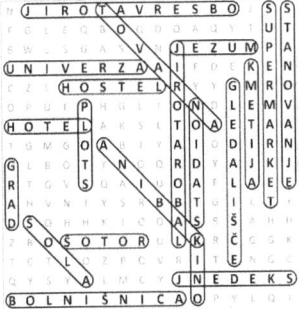

85 - Malattia

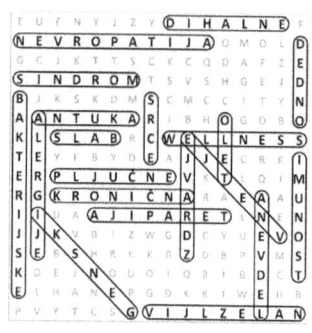

86 - Paesi #2

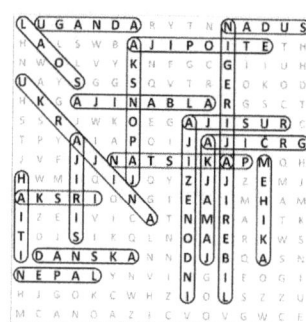

87 - Tipi di Capelli

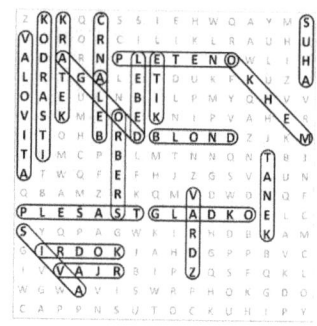

88 - Vestiti

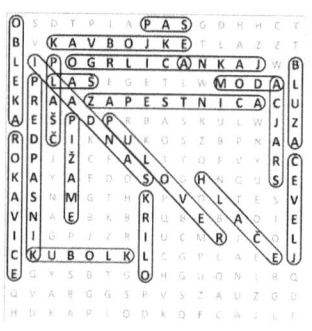

89 - Attività e Tempo Libero

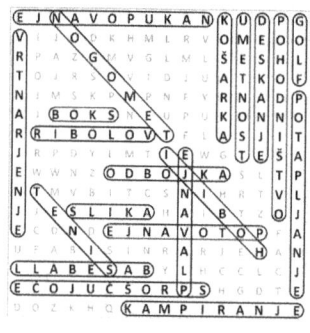

90 - Arte

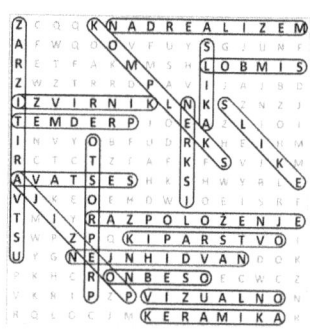

91 - Meteo

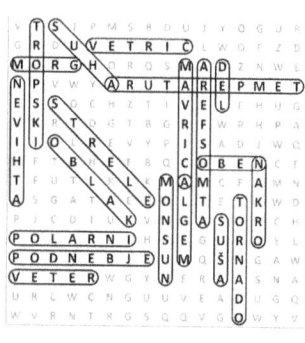

92 - Corpo Umano

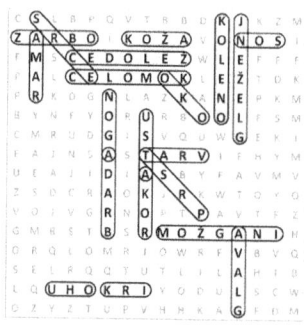

93 - Mammiferi

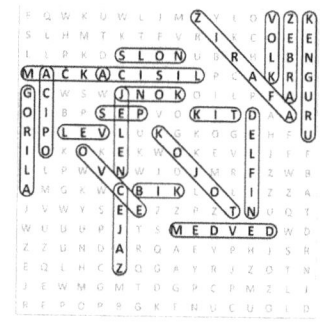

94 - Cucina

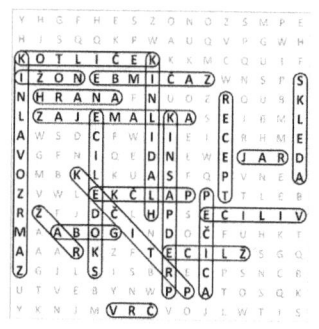

95 - Giardinaggio

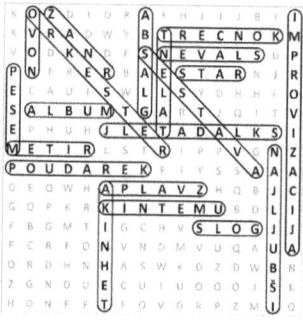

96 - Jazz

97 - Vacanze #2

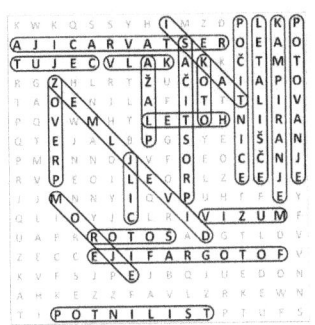

98 - Attività

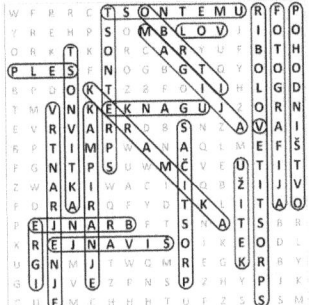

99 - Diplomazia

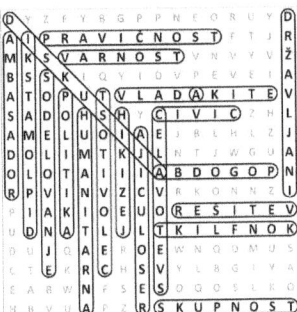

100 - Forniture Artistiche

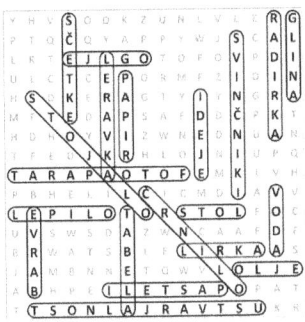

Dizionario

Acqua
Voda

Alluvione	Poplava
Canale	Kanal
Doccia	Prha
Evaporazione	Izparevanje
Fiume	Reka
Gelo	Zmrzal
Geyser	Gejzir
Ghiaccio	Led
Irrigazione	Namakanje
Lago	Jezero
Monsone	Monsun
Neve	Sneg
Oceano	Ocean
Onde	Valovi
Pioggia	Dež
Potabile	Pitno
Umidità	Vlaga
Umido	Vlažno
Uragano	Orkan
Vapore	Para

Aeroplani
Letala

Altezza	Višina
Aria	Zrak
Atmosfera	Atmosfera
Atterraggio	Pristanek
Avventura	Pustolovščina
Carburante	Gorivo
Cielo	Nebo
Costruzione	Gradnja
Design	Dizajn
Direzione	Smer
Discesa	Sestop
Equipaggio	Posadka
Gonfiare	Napihni
Idrogeno	Vodik
Motore	Motor
Palloncino	Balon
Passeggero	Potnik
Pilota	Pilot
Storia	Zgodovina
Turbolenza	Turbulenca

Aggettivi #1
Pridevniki #1

Ambizioso	Ambiciozen
Aromatico	Aromatično
Artistico	Umetniška
Assoluto	Absolutno
Attivo	Aktivno
Enorme	Ogromno
Esotico	Eksotično
Generoso	Velikodušen
Giovane	Mlad
Grande	Velik
Identico	Identično
Importante	Pomembno
Lento	Počasen
Lungo	Dolga
Moderno	Moderno
Onesto	Iskren
Perfetto	Popoln
Pesante	Težka
Prezioso	Vredno
Sottile	Tanek

Aggettivi #2
Pridevniki #2

Affamato	Lačni
Asciutto	Suha
Autentico	Verodostojno
Creativo	Kreativno
Descrittivo	Opisno
Dolce	Sladko
Drammatico	Dramatično
Elegante	Elegantno
Famoso	Slaven
Forte	Močno
Interessante	Zanimivo
Naturale	Naravni
Normale	Normalno
Nuovo	Novo
Orgoglioso	Ponosen
Produttivo	Produktivno
Puro	Čista
Responsabile	Odgovoren
Salato	Slan
Sano	Zdrav

Agronomia
Agronomija

Acqua	Voda
Agricoltura	Kmetijstvo
Ambiente	Okolje
Cibo	Hrana
Crescita	Rast
Ecologia	Ekologija
Energia	Energija
Erosione	Erozija
Fertilizzante	Gnojilo
Inquinamento	Onesnaževanje
Malattie	Bolezni
Organico	Organski
Produzione	Proizvodnja
Ricerca	Raziskave
Rurale	Podeželski
Scienza	Znanost
Semi	Semena
Sistemi	Sistemi
Studio	Študija
Suolo	Prst

Algebra
Algebra

Diagramma	Diagram
Equazione	Enačba
Esponente	Eksponent
Falso	Napačno
Fattore	Faktor
Formula	Formula
Frazione	Ulomek
Grafico	Graf
Infinito	Neskončno
Lineare	Linearno
Matrice	Matrica
Numero	Številka
Parentesi	Oklepaj
Problema	Problem
Semplificare	Poenostaviti
Soluzione	Rešitev
Somma	Vsota
Sottrazione	Odštevanje
Variabile	Spremenljivka
Zero	Nič

Antartide
Antarktika

Acqua	Voda
Ambiente	Okolje
Baia	Zaliv
Balene	Kiti
Conservazione	Ohranjanje
Continente	Celina
Geografia	Geografija
Ghiacciai	Ledeniki
Ghiaccio	Led
Isole	Otoki
Migrazione	Migracija
Minerali	Minerali
Nuvole	Oblaki
Penisola	Polotok
Ricercatore	Raziskovalec
Roccioso	Skalnata
Scientifico	Znanstveni
Spedizione	Ekspedicija
Temperatura	Temperatura
Topografia	Topografija

Antiquariato
Starine

Arte	Umetnost
Asta	Dražba
Autentico	Verodostojno
Condizione	Pogoj
Decenni	Desetletja
Decorativo	Okrasna
Elegante	Elegantno
Galleria	Galerija
Insolito	Nenavadno
Investimento	Naložbe
Mobilio	Pohištvo
Monete	Kovanci
Prezzo	Cena
Qualità	Kakovost
Restauro	Obnova
Scultura	Kiparstvo
Secolo	Stoletje
Stile	Slog
Valore	Vrednost
Vecchio	Star

Api
Čebele

Ali	Krila
Alveare	Panj
Benefico	Koristno
Cera	Vosek
Cibo	Hrana
Diversità	Raznolikost
Ecosistema	Ekosistem
Fiori	Cvetje
Fiorire	Cvet
Frutta	Sadje
Fumo	Dim
Giardino	Vrt
Habitat	Habitat
Insetto	Žuželke
Miele	Med
Piante	Rastline
Polline	Cvetni Prah
Regina	Kraljica
Sciame	Roj
Sole	Sonce

Archeologia
Arheologija

Analisi	Analiza
Anni	Let
Antichità	Antika
Civiltà	Civilizacija
Dimenticato	Pozabili
Discendente	Potomec
Era	Era
Esperto	Strokovnjak
Fossile	Fosil
Mistero	Skrivnost
Oggetti	Predmeti
Ossa	Kosti
Professore	Profesor
Reliquia	Relikvija
Ricercatore	Raziskovalec
Sconosciuto	Neznano
Squadra	Ekipa
Tempio	Tempelj
Tomba	Grobnica
Valutazione	Vrednotenje

Arte
Umetnost

Ceramica	Keramika
Complesso	Kompleks
Composizione	Sestava
Creare	Ustvariti
Dipinti	Slike
Espressione	Izraz
Figura	Slika
Ispirato	Navdihnjen
Onesto	Iskren
Originale	Izvirnik
Personale	Osebno
Poesia	Poezija
Scultura	Kiparstvo
Semplice	Preprosto
Simbolo	Simbol
Soggetto	Predmet
Surrealismo	Nadrealizem
Umore	Razpoloženje
Visivo	Vizualno

Arti Visive
Vizualne Umetnosti

Architettura	Arhitektura
Argilla	Glina
Artista	Umetnik
Capolavoro	Mojstrovina
Carbone	Oglje
Cavalletto	Stojalo
Cera	Vosek
Ceramica	Keramika
Composizione	Sestava
Creatività	Ustvarjalnost
Film	Film
Fotografia	Fotografija
Gesso	Kreda
Matita	Svinčnik
Penna	Pen
Pittura	Slika
Prospettiva	Perspektiva
Ritratto	Portret
Scultura	Skulptura
Vernice	Lak

Astronomia
Astronomija

Asteroide	Asteroid
Astronauta	Astronavt
Astronomo	Astronom
Cielo	Nebo
Cosmo	Kozmos
Costellazione	Ozvezdje
Equinozio	Enakonočje
Galassia	Galaksija
Gravità	Gravitacija
Luna	Luna
Meteora	Meteor
Nebulosa	Meglica
Osservatorio	Observatorij
Pianeta	Planet
Radiazione	Sevanje
Razzo	Raketa
Supernova	Supernova
Telescopio	Teleskop
Terra	Zemlja
Universo	Vesolje

Attività
Dejavnosti

Abilità	Spretnost
Arte	Umetnost
Artigianato	Obrti
Attività	Aktivnost
Caccia	Lov
Campeggio	Kampiranje
Ceramica	Keramika
Cucire	Šivanje
Danza	Ples
Escursioni	Pohodništvo
Fotografia	Fotografija
Giardinaggio	Vrtnarjenje
Giochi	Igre
Lettura	Branje
Magia	Magija
Pesca	Ribolov
Piacere	Užitek
Puzzle	Uganke
Rilassamento	Sprostitev
Tempo Libero	Prosti Čas

Attività Commerciale
Poslovna

Bilancio	Proračun
Carriera	Kariera
Costo	Stroški
Datore di Lavoro	Delodajalec
Dipendente	Zaposleni
Economia	Ekonomija
Fabbrica	Tovarna
Finanza	Finance
Investimento	Naložbe
Negozio	Trgovina
Profitto	Dobiček
Reddito	Dohodek
Sconto	Popust
Società	Podjetje
Soldi	Denar
Tasse	Davki
Transazione	Transakcija
Ufficio	Pisarna
Valuta	Valuta
Vendita	Prodaja

Attività e Tempo Libero
Aktivnosti in Prosti Čas

Arte	Umetnost
Baseball	Baseball
Basket	Košarka
Boxe	Boks
Calcio	Nogomet
Campeggio	Kampiranje
Escursioni	Pohodništvo
Giardinaggio	Vrtnarjenje
Golf	Golf
Hobby	Hobiji
Immersione	Potapljanje
Nuoto	Plavanje
Pallavolo	Odbojka
Pesca	Ribolov
Pittura	Slika
Rilassante	Sproščujoče
Shopping	Nakupovanje
Surf	Deskanje
Tennis	Tenis
Viaggio	Potovanje

Avventura
Pustolovščina

Amici	Prijatelji
Attività	Aktivnost
Bellezza	Lepota
Coraggio	Pogum
Destinazione	Cilj
Difficoltà	Težavnost
Entusiasmo	Navdušenje
Escursione	Izlet
Gioia	Veselje
Insolito	Nenavadno
Itinerario	Itinerar
Natura	Narava
Navigazione	Navigacija
Nuovo	Novo
Opportunità	Priložnost
Pericoloso	Nevarno
Preparazione	Priprava
Sfide	Izzivi
Sicurezza	Varnost
Viaggi	Potovanja

Balletto
Balet

Abilità	Spretnost
Applauso	Aplavz
Artistico	Umetniška
Ballerina	Balerina
Ballerini	Plesalci
Compositore	Skladatelj
Coreografia	Koreografija
Espressivo	Izrazno
Gesto	Gesta
Intensità	Intenzivnost
Lezioni	Lekcije
Muscoli	Mišice
Musica	Glasba
Orchestra	Orkester
Prova	Vaja
Pubblico	Občinstvo
Ritmo	Ritem
Stile	Slog
Tecnica	Tehnika

Barbecue
Ražnji

Caldo	Vroče
Cena	Večerja
Cibo	Hrana
Cipolle	Čebula
Coltelli	Noži
Estate	Poletje
Fame	Lakota
Famiglia	Družina
Frutta	Sadje
Giochi	Igre
Griglia	Žar
Insalate	Solate
Invito	Vabilo
Musica	Glasba
Pepe	Poper
Pollo	Piščanec
Pomodori	Paradižnik
Pranzo	Kosilo
Sale	Sol
Salsa	Omaka

Bellezza
Lepota

Colore	Barva
Cosmetici	Kozmetika
Elegante	Elegantno
Eleganza	Elegance
Fascino	Čar
Forbici	Škarje
Fotogenico	Fotogenično
Fragranza	Dišava
Grazia	Milost
Mascara	Maskara
Oli	Olja
Pelle	Koža
Prodotti	Izdelkov
Profumo	Vonj
Riccioli	Kodri
Rossetto	Šminka
Servizi	Storitve
Shampoo	Šampon
Specchio	Ogledalo
Stilista	Stilist

Biologia
Biologija

Anatomia	Anatomija
Batteri	Bakterije
Cellula	Celica
Collagene	Kolagen
Cromosoma	Kromosom
Embrione	Zarodek
Enzima	Encim
Evoluzione	Evolucija
Fotosintesi	Fotosinteza
Mammifero	Sesalec
Mutazione	Mutacija
Naturale	Naravni
Nervo	Živec
Neurone	Nevron
Ormone	Hormon
Osmosi	Osmoza
Proteina	Beljakovine
Rettile	Plazilec
Simbiosi	Simbioza
Sinapsi	Sinapse

Campeggio
Kampiranje

Alberi	Drevesa
Amaca	Viseča Mreža
Animali	Živali
Avventura	Pustolovščina
Bussola	Kompas
Cabina	Kabina
Caccia	Lov
Canoa	Kanu
Cappello	Klobuk
Corda	Vrv
Divertimento	Zabavno
Foresta	Gozd
Fuoco	Požar
Insetto	Žuželke
Lago	Jezero
Luna	Luna
Mappa	Zemljevid
Montagna	Gora
Natura	Narava
Tenda	Šotor

Casa
Hiša

Attico	Podstrešje
Biblioteca	Knjižnica
Camera	Soba
Camino	Kamin
Cucina	Kuhinja
Doccia	Tuš
Finestra	Okno
Garage	Garaža
Giardino	Vrt
Lampada	Svetilka
Parete	Zid
Pavimento	Tla
Porta	Vrata
Recinto	Ograja
Rubinetto	Pipa
Scopa	Metla
Soffitto	Strop
Specchio	Ogledalo
Tappeto	Preproga
Tetto	Streha

Chimica
Kemija

Acido	Kislina
Alcalino	Alkalna
Atomico	Atomski
Calore	Toplota
Carbonio	Ogljik
Catalizzatore	Katalizator
Cloro	Klor
Elettrone	Elektron
Enzima	Encim
Gas	Plin
Idrogeno	Vodik
Ione	Ion
Liquido	Tekočina
Molecola	Molekula
Nucleare	Jedrsko
Organico	Organski
Ossigeno	Kisik
Peso	Teža
Sale	Sol
Temperatura	Temperatura

Cibo #1
Hrana #1

Italiano	Slovensko
Aglio	Česen
Basilico	Bazilika
Cannella	Cimet
Carne	Meso
Carota	Korenje
Cipolla	Čebula
Fragola	Jagoda
Insalata	Solata
Latte	Mleko
Limone	Limona
Menta	Meta
Orzo	Ječmen
Pera	Hruška
Rapa	Repa
Sale	Sol
Spinaci	Špinača
Succo	Sok
Tonno	Tuna
Torta	Torta
Zucchero	Sladkor

Cibo #2
Hrana #2

Italiano	Slovensko
Banana	Banana
Broccolo	Brokoli
Ciliegia	Češnja
Cioccolato	Čokolada
Formaggio	Sir
Fungo	Goba
Grano	Pšenica
Kiwi	Kivi
Mela	Jabolko
Melanzana	Jajčevec
Pane	Kruh
Pesce	Ribe
Pollo	Piščanec
Pomodoro	Paradižnik
Prosciutto	Šunka
Riso	Riž
Sedano	Zelena
Uovo	Jajce
Uva	Grozdje
Yogurt	Jogurt

Cioccolato
Čokolada

Italiano	Slovensko
Amaro	Grenko
Antiossidante	Antioksidant
Arachidi	Arašidi
Aroma	Aroma
Cacao	Cacao
Calorie	Kalorij
Caramella	Sladkarije
Caramello	Karamela
Delizioso	Odlično
Dolce	Sladko
Esotico	Eksotično
Gusto	Okus
Ingrediente	Sestavina
Mangiare	Jesti
Noce di Cocco	Kokos
Polvere	Prah
Preferito	Najljubši
Qualità	Kakovost
Ricetta	Recept
Zucchero	Sladkor

Città
Mesto

Italiano	Slovensko
Aeroporto	Letališče
Banca	Banka
Biblioteca	Knjižnica
Cinema	Kino
Clinica	Klinika
Farmacia	Lekarna
Fiorista	Cvetličar
Galleria	Galerija
Hotel	Hotel
Libreria	Knjigarna
Mercato	Trg
Museo	Muzej
Negozio	Trgovina
Panetteria	Pekarna
Scuola	Šola
Stadio	Stadion
Supermercato	Supermarket
Teatro	Gledališče
Università	Univerza
Zoo	Živalski Vrt

Corpo Umano
Človeško Telo

Bocca	Usta
Caviglia	Gleženj
Cervello	Možgani
Collo	Vrat
Cuore	Srce
Dito	Prst
Faccia	Obraz
Gamba	Noga
Ginocchio	Koleno
Gomito	Komolec
Mano	Roka
Mento	Brada
Naso	Nos
Occhio	Oko
Orecchio	Uho
Pelle	Koža
Sangue	Kri
Spalla	Rama
Stomaco	Želodec
Testa	Glava

Creatività
Ustvarjalnost

Abilità	Spretnost
Artistico	Umetniška
Autenticità	Pristnost
Chiarezza	Jasnost
Drammatico	Dramatično
Emozioni	Čustva
Espressione	Izraz
Fluidità	Fluidnost
Idee	Ideje
Immaginazione	Domišljija
Immagine	Slika
Impressione	Vtis
Intensità	Intenzivnost
Intuizione	Intuicija
Inventivo	Iznajdljiv
Ispirazione	Navdih
Sensazione	Občutek
Spontaneo	Spontano
Visioni	Vizije
Vitalità	Vitalnost

Cucina
Kuhinja

Bacchette	Palčke
Bollitore	Kotliček
Brocca	Vrč
Cibo	Hrana
Ciotola	Skleda
Coltelli	Noži
Congelatore	Zamrzovalnik
Cucchiai	Žlice
Forchette	Vilice
Forno	Pečica
Frigorifero	Hladilnik
Grembiule	Predpasnik
Griglia	Žar
Mestolo	Zajemalka
Ricetta	Recept
Spezie	Začimbe
Spugna	Goba
Tazze	Skodelice
Tovagliolo	Prtiček
Vaso	Jar

Diplomazia
Diplomacija

Ambasciatore	Ambasador
Cittadini	Državljani
Civico	Civic
Comunità	Skupnost
Conflitto	Konflikt
Consigliere	Svetovalec
Cooperazione	Sodelovanje
Diplomatico	Diplomatski
Discussione	Diskusija
Etica	Etika
Giustizia	Pravičnost
Governo	Vlada
Integrità	Celovitost
Lingue	Jezikih
Politica	Politika
Risoluzione	Resolucija
Sicurezza	Varnost
Soluzione	Rešitev
Trattato	Pogodba
Umanitario	Humanitarna

Discipline Scientifiche
Znanstvene Discipline

Anatomia	Anatomija
Archeologia	Arheologija
Astronomia	Astronomija
Biochimica	Biokemija
Biologia	Biologija
Botanica	Botanika
Chimica	Kemija
Ecologia	Ekologija
Fisiologia	Fiziologija
Geologia	Geologija
Immunologia	Imunologija
Linguistica	Jezikoslovje
Meccanica	Mehanika
Meteorologia	Meteorologija
Mineralogia	Mineralogija
Neurologia	Nevrologija
Psicologia	Psihologija
Sociologia	Sociologija
Termodinamica	Termodinamika
Zoologia	Zoologija

Ecologia
Ekologija

Clima	Podnebje
Comunità	Skupnosti
Diversità	Raznolikost
Fauna	Favna
Flora	Flora
Globale	Globalno
Habitat	Habitat
Marino	Morski
Natura	Narava
Naturale	Naravni
Palude	Močvirje
Piante	Rastline
Risorse	Viri
Siccità	Suša
Sopravvivenza	Preživetje
Sostenibile	Trajnostno
Specie	Vrste
Varietà	Sorta
Vegetazione	Vegetacija
Volontari	Prostovoljci

Edifici
Zgradbe

Appartamento	Stanovanje
Cabina	Kabina
Castello	Grad
Cinema	Kino
Fabbrica	Tovarna
Fattoria	Kmetija
Fienile	Skedenj
Hotel	Hotel
Laboratorio	Laboratorij
Museo	Muzej
Ospedale	Bolnišnica
Osservatorio	Observatorij
Ostello	Hostel
Scuola	Šola
Stadio	Stadion
Supermercato	Supermarket
Teatro	Gledališče
Tenda	Šotor
Torre	Stolp
Università	Univerza

Elettricità
Električna Energija

Attrezzatura	Oprema
Batteria	Baterija
Cavo	Kabel
Conservazione	Skladiščenje
Elettricista	Električar
Elettrico	Električni
Fili	Žice
Generatore	Generator
Lampada	Svetilka
Lampadina	Žarnica
Laser	Laser
Magnete	Magnet
Negativo	Negativno
Oggetti	Predmeti
Positivo	Pozitiven
Presa	Vtičnica
Quantità	Količina
Rete	Omrežje
Telefono	Telefon
Televisione	Televizija

Emozioni
Čustva

Amore	Ljubezen
Beatitudine	Blaženost
Calma	Miren
Contenuto	Vsebina
Eccitato	Navdušen
Gentilezza	Prijaznost
Gioia	Veselje
Grato	Hvaležen
Noia	Dolgčas
Pace	Mir
Paura	Strah
Rabbia	Jeza
Rilassato	Sproščen
Rilievo	Relief
Simpatia	Sočutje
Soddisfatto	Zadovoljni
Sorpresa	Presenečenje
Tenerezza	Nežnost
Tranquillità	Spokojnost
Tristezza	Žalost

Energia
Energetika

Ambiente	Okolje
Batteria	Baterija
Benzina	Bencin
Calore	Toplota
Carbonio	Ogljik
Carburante	Gorivo
Diesel	Dizel
Elettrico	Električni
Elettrone	Elektron
Entropia	Entropija
Fotone	Foton
Idrogeno	Vodik
Industria	Industrija
Inquinamento	Onesnaževanje
Motore	Motor
Nucleare	Jedrsko
Rinnovabile	Obnovljiv
Turbina	Turbina
Vapore	Para
Vento	Veter

Erboristeria
Zeliščarstvo

Aglio	Česen
Aneto	Koper
Aromatico	Aromatično
Basilico	Bazilika
Culinario	Kulinarika
Dragoncello	Pehtran
Finocchio	Koromač
Fiore	Cvet
Giardino	Vrt
Ingrediente	Sestavina
Lavanda	Sivka
Maggiorana	Majaron
Menta	Meta
Origano	Origano
Prezzemolo	Peteršilj
Qualità	Kakovost
Rosmarino	Rožmarin
Timo	Timijan
Verde	Zelena
Zafferano	Žafran

Escursionismo
Pohodništvo

Acqua	Voda
Animali	Živali
Campeggio	Kampiranje
Clima	Podnebje
Guide	Vodniki
Mappa	Zemljevid
Montagna	Gora
Natura	Narava
Orientamento	Orientacija
Parchi	Parki
Pericoli	Nevarnosti
Pesante	Težka
Pietre	Kamni
Preparazione	Priprava
Selvaggio	Divji
Sole	Sonce
Stanco	Utrujen
Stivali	Škornji
Vertice	Vrh
Zanzare	Komarji

Famiglia
Družinska

Antenato	Prednik
Bambini	Otroci
Bambino	Otrok
Cugino	Bratranec
Figlia	Hči
Fratello	Brat
Infanzia	Otroštvo
Madre	Mati
Marito	Mož
Materno	Materna
Moglie	Žena
Nipote	Nečak
Nipote	Vnuk
Nonna	Babica
Nonno	Dedek
Padre	Oče
Paterno	Očetovski
Sorella	Sestra
Zia	Teta
Zio	Stric

Fantascienza
Znanstvena Fantastika.

Atomico	Atomski
Cinema	Kino
Distopia	Distopija
Esplosione	Eksplozija
Estremo	Ekstremno
Fantastico	Fantastično
Fuoco	Požar
Futuristico	Futuristično
Galassia	Galaksija
Illusione	Iluzija
Immaginario	Imaginarno
Libri	Knjige
Misterioso	Skrivnostno
Mondo	Svet
Oracolo	Orakelj
Pianeta	Planet
Realistico	Realističen
Robot	Roboti
Tecnologia	Tehnologija
Utopia	Utopija

Fattoria #1
Kmetija #1

Acqua	Voda
Agricoltura	Kmetijstvo
Ape	Čebela
Asino	Osel
Campo	Polje
Cane	Pes
Capra	Koza
Cavallo	Konj
Fertilizzante	Gnojilo
Fieno	Seno
Gatto	Mačka
Gregge	Jata
Maiale	Prašič
Miele	Med
Mucca	Krava
Pollo	Piščanec
Recinto	Ograja
Riso	Riž
Semi	Semena
Vitello	Tele

Fattoria #2
Kmetija #2

Agnello	Jagnjetina
Agricoltore	Kmet
Alveare	Panj
Anatra	Raca
Animali	Živali
Cibo	Hrana
Fienile	Skedenj
Frutta	Sadje
Frutteto	Sadovnjak
Grano	Pšenica
Irrigazione	Namakanje
Lama	Lama
Latte	Mleko
Mais	Koruza
Oche	Gosi
Orzo	Ječmen
Pastore	Pastir
Pecora	Ovce
Prato	Travnik
Trattore	Traktor

Filantropia
Filantropija

Bambini	Otroci
Bisogno	Potreba
Carità	Dobrodelnost
Comunità	Skupnost
Contatti	Stiki
Finanza	Finance
Fondi	Sredstva
Generosità	Velikodušnost
Gioventù	Mladina
Globale	Globalno
Gruppi	Skupine
Missione	Misija
Obiettivi	Cilji
Onestà	Poštenost
Persone	Ljudje
Programmi	Programi
Pubblico	Javno
Sfide	Izzivi
Storia	Zgodovina
Umanità	Človeštvo

Fiori
Cvetovi

Dente di Leone	Regrat
Gardenia	Gardenija
Gelsomino	Jasmina
Giglio	Lija
Girasole	Sončnica
Ibisco	Hibiskus
Lavanda	Sivka
Lilla	Lila
Magnolia	Magnolija
Margherita	Marjetica
Mazzo	Šopek
Orchidea	Orhideja
Papavero	Mak
Passiflora	Pasijonka
Peonia	Potonika
Petalo	Cvetni List
Plumeria	Plumeria
Rosa	Vrtnica
Trifoglio	Detelja
Tulipano	Tulipan

Fisica
Fizika

Accelerazione	Pospešek
Atomo	Atom
Caos	Kaos
Chimico	Kemikalija
Densità	Gostota
Elettrone	Elektron
Espansione	Širitev
Formula	Formula
Frequenza	Frekvenca
Gas	Plin
Gravità	Gravitacija
Magnetismo	Magnetizem
Meccanica	Mehanika
Molecola	Molekula
Motore	Motor
Nucleare	Jedrsko
Particella	Delec
Relatività	Relativnost
Universale	Univerzalno
Velocità	Hitrost

Foresta Pluviale
Deževni Gozd

Anfibi	Dvoživke
Botanico	Botanični
Clima	Podnebje
Comunità	Skupnost
Diversità	Raznolikost
Giungla	Džungla
Indigeno	Avtohtona
Insetti	Žuželke
Mammiferi	Sesalci
Muschio	Mah
Natura	Narava
Nuvole	Oblaki
Preservazione	Ohranjanje
Prezioso	Vredno
Restauro	Obnova
Rifugio	Zatočišče
Rispetto	Spoštovanje
Sopravvivenza	Preživetje
Specie	Vrste
Uccelli	Ptice

Forme
Oblike

Italiano	Slovensko
Angolo	Vogal
Arco	Lok
Bordi	Robovi
Cerchio	Krog
Cilindro	Valj
Cono	Stožec
Cubo	Kocka
Curva	Krivulja
Ellisse	Elipsa
Iperbole	Hiperbola
Lato	Stran
Linea	Črta
Ovale	Ovalna
Piramide	Piramida
Poligono	Poligon
Prisma	Prizmo
Quadrato	Kvadrat
Rettangolo	Pravokotnik
Sfera	Sfera
Triangolo	Trikotnik

Forniture Artistiche
Potrebščine za Umetnine

Acqua	Voda
Acquerelli	Akvarel
Acrilico	Akril
Argilla	Glina
Carbone	Oglje
Carta	Papir
Cavalletto	Stojalo
Colla	Lepilo
Colori	Barve
Creatività	Ustvarjalnost
Gomma	Radirka
Idee	Ideje
Inchiostro	Črnilo
Matite	Svinčniki
Olio	Olje
Pastelli	Pasteli
Sedia	Stol
Spazzole	Ščetke
Tavolo	Tabela
Telecamera	Fotoaparat

Forza e Gravità
Sila in Gravitacija

Italiano	Slovensko
Asse	Os
Attrito	Trenje
Centro	Center
Dinamico	Dinamično
Distanza	Razdalja
Espansione	Širitev
Fisica	Fizika
Impatto	Vpliv
Magnetismo	Magnetizem
Meccanica	Mehanika
Movimento	Gibanje
Orbita	Orbita
Peso	Teža
Pianeti	Planeti
Pressione	Tlak
Proprietà	Lastnosti
Scoperta	Odkritje
Tempo	Čas
Universale	Univerzalno
Velocità	Hitrost

Frutta
Sadje

Italiano	Slovensko
Albicocca	Marelica
Ananas	Ananas
Arancia	Oranžna
Avocado	Avokado
Bacca	Jagodičje
Banana	Banana
Ciliegia	Češnja
Kiwi	Kivi
Lampone	Malina
Limone	Limona
Mango	Mango
Mela	Jabolko
Melone	Melona
Mora	Robida
Nettarina	Nektarin
Papaia	Papaja
Pera	Hruška
Pesca	Breskev
Prugna	Sliva
Uva	Grozdje

Geografia
Geografija

Italiano	Slovensko
Altitudine	Višina
Atlante	Atlas
Città	Mesto
Continente	Celina
Emisfero	Polobla
Equatore	Ekvator
Fiume	Reka
Isola	Otok
Mappa	Zemljevid
Mare	Morje
Meridiano	Poldnevnik
Mondo	Svet
Montagna	Gora
Nord	Sever
Oceano	Ocean
Ovest	Zahod
Paese	Država
Regione	Regija
Sud	Jug
Territorio	Ozemlje

Geologia
Geologija

Italiano	Slovensko
Acido	Kislina
Altopiano	Plato
Calcio	Kalcij
Caverna	Votlina
Continente	Celina
Corallo	Korale
Cristalli	Kristali
Erosione	Erozija
Fossile	Fosil
Geyser	Gejzir
Lava	Lava
Minerali	Minerali
Pietra	Kamen
Quarzo	Kremen
Sale	Sol
Stalagmiti	Stalagmiti
Stalattite	Stalaktit
Strato	Plast
Terremoto	Potres
Vulcano	Vulkan

Geometria
Geometrija

Altezza	Višina
Angolo	Kot
Calcolo	Izračun
Cerchio	Krog
Curva	Krivulja
Diametro	Premer
Dimensione	Dimenzija
Equazione	Enačba
Logica	Logika
Mediano	Mediana
Numero	Številka
Orizzontale	Vodoravno
Parallelo	Vzporedno
Proporzione	Delež
Segmento	Segment
Simmetria	Simetrija
Superficie	Površina
Teoria	Teorija
Triangolo	Trikotnik
Verticale	Navpično

Giardinaggio
Vrtnarjenje

Acqua	Voda
Botanico	Botanični
Clima	Podnebje
Commestibile	Užitna
Compost	Kompost
Contenitore	Posoda
Esotico	Eksotično
Fiorire	Cvet
Floreale	Cvetni
Foglia	List
Fogliame	Listje
Frutteto	Sadovnjak
Mazzo	Šopek
Semi	Semena
Specie	Vrste
Sporco	Umazanija
Stagionale	Sezonsko
Suolo	Prst
Tubo	Cev
Umidità	Vlaga

Giardino
Vrt

Albero	Drevo
Amaca	Viseča Mreža
Cespuglio	Grm
Erba	Trava
Erbacce	Plevel
Fiore	Cvet
Frutteto	Sadovnjak
Garage	Garaža
Giardino	Vrt
Pala	Lopata
Panca	Klop
Portico	Veranda
Prato	Trata
Rastrello	Grablje
Recinto	Ograja
Stagno	Ribnik
Suolo	Prst
Terrazza	Terasa
Trampolino	Trampolin
Tubo	Cev

Giorni e Mesi
Dnevi in Meseci

Agosto	Avgust
Anno	Leto
Aprile	April
Calendario	Koledar
Dicembre	December
Domenica	Nedelja
Febbraio	Februar
Gennaio	Januar
Giugno	Junij
Luglio	Julij
Lunedì	Ponedeljek
Martedì	Torek
Mercoledì	Sreda
Mese	Mesec
Novembre	November
Ottobre	Oktober
Sabato	Sobota
Settembre	September
Settimana	Teden
Venerdì	Petek

Governo
Država

Capo	Vodja
Cittadinanza	Državljanstvo
Civile	Civilno
Costituzione	Ustava
Democrazia	Demokracija
Discorso	Govor
Discussione	Diskusija
Giudiziario	Sodni
Giustizia	Pravičnost
Indipendenza	Neodvisnost
Legale	Pravni
Legge	Pravo
Libertà	Svoboda
Monumento	Spomenik
Nazionale	Nacionalni
Nazione	Država
Politica	Politika
Quartiere	Okraj
Simbolo	Simbol
Uguaglianza	Enakost

Guida
Vožnja

Auto	Avto
Autobus	Avtobus
Carburante	Gorivo
Freni	Zavore
Garage	Garaža
Gas	Plin
Incidente	Nesreča
Licenza	Licenca
Mappa	Zemljevid
Moto	Motocikel
Motore	Motor
Pedonale	Pešec
Pericolo	Nevarnost
Polizia	Policija
Sicurezza	Varnost
Strada	Cesta
Traffico	Promet
Trasporto	Prevoz
Tunnel	Tunel
Velocità	Hitrost

I Media
Mediji

Commerciale	Komercialni
Comunicazione	Sporočilo
Digitale	Digitalno
Edizione	Izdaja
Educazione	Izobraževanje
Fatti	Dejstva
Finanziamento	Financiranje
Foto	Fotografije
Giornali	Časopisi
Individuale	Posameznik
Industria	Industrija
Intellettuale	Intelektualno
Locale	Lokalni
Online	Na Spletu
Opinione	Mnenje
Pubblicità	Oglasi
Pubblico	Javno
Radio	Radio
Rete	Omrežje
Televisione	Televizija

Imbarcazioni
Čolni

Albero	Jambor
Ancora	Sidro
Barca a Vela	Jadrnica
Boa	Boja
Canoa	Kanu
Corda	Vrv
Equipaggio	Posadka
Fiume	Reka
Kayak	Kajak
Lago	Jezero
Mare	Morje
Marea	Plima
Marinaio	Mornar
Motore	Motor
Nautico	Navtično
Oceano	Ocean
Onde	Valovi
Traghetto	Trajekt
Yacht	Jahta
Zattera	Splav

Ingegneria
Inženirstvo

Angolo	Kot
Asse	Os
Calcolo	Izračun
Costruzione	Gradnja
Diagramma	Diagram
Diametro	Premer
Diesel	Dizel
Distribuzione	Distribucija
Energia	Energija
Forza	Moč
Ingranaggi	Zobniki
Liquido	Tekočina
Macchina	Stroj
Misurazione	Meritev
Motore	Motor
Profondità	Globina
Propulsione	Pogon
Rotazione	Rotacija
Stabilità	Stabilnost
Struttura	Struktura

Insetti
Žuželke

Afide	Listna Uš
Ape	Čebela
Calabrone	Sršen
Cavalletta	Kobilica
Cicala	Škržat
Coccinella	Pikapolonica
Coleottero	Hrošč
Falena	Molj
Farfalla	Metulj
Formica	Mravlja
Larva	Ličinka
Libellula	Kačji Pastir
Mantide	Mantis
Moscerino	Gnat
Pulce	Bolha
Scarafaggio	Ščurek
Termite	Termit
Verme	Črv
Vespa	Osa
Zanzara	Komar

Jazz
Jazz

Album	Album
Applauso	Aplavz
Artista	Umetnik
Canzone	Pesem
Compositore	Skladatelj
Composizione	Sestava
Concerto	Koncert
Enfasi	Poudarek
Famoso	Slaven
Genere	Žanr
Improvvisazione	Improvizacija
Musica	Glasba
Nuovo	Novo
Orchestra	Orkester
Preferiti	Najljubši
Ritmo	Ritem
Stile	Slog
Talento	Talent
Tecnica	Tehnika
Vecchio	Star

L'Azienda
Podjetje

Creativo	Kreativno
Decisione	Odločitev
Globale	Globalno
Industria	Industrija
Innovativo	Inovativno
Investimento	Naložbe
Occupazione	Zaposlitev
Possibilità	Možnost
Presentazione	Predstavitev
Prodotto	Izdelek
Professionale	Strokovno
Progresso	Napredek
Qualità	Kakovost
Reddito	Prihodki
Reputazione	Ugled
Rischi	Tveganja
Risorse	Viri
Salari	Plače
Tendenze	Trendi
Unità	Enot

Letteratura
Literatura

Analisi	Analiza
Analogia	Analogija
Aneddoto	Anekdota
Autore	Avtor
Biografia	Biografija
Conclusione	Sklep
Confronto	Primerjava
Descrizione	Opis
Dialogo	Dialog
Genere	Žanr
Metafora	Metafora
Opinione	Mnenje
Poesia	Pesem
Poetico	Poetično
Rima	Rima
Ritmo	Ritem
Romanzo	Roman
Stile	Slog
Tema	Tema
Tragedia	Tragedija

Libri
Knjige

Autore	Avtor
Avventura	Pustolovščina
Collezione	Zbirka
Contesto	Kontekst
Dualità	Dvojnost
Epico	Epski
Immersione	Potopitev
Inventivo	Iznajdljiv
Letterario	Literarno
Lettore	Bralec
Pagina	Stran
Poesia	Pesem
Rilevante	Relevantno
Romanzo	Roman
Scritto	Pisno
Serie	Serija
Storia	Zgodba
Storico	Zgodovinski
Tragico	Tragično
Umoristico	Šaljiv

Malattia
Bolezen

Acuto	Akutna
Allergie	Alergije
Batterico	Bakterijske
Benessere	Wellness
Contagioso	Nalezljiv
Corpo	Telo
Cronico	Kronična
Cuore	Srce
Debole	Slab
Ereditario	Dedno
Genetico	Genski
Immunità	Imunost
Infiammazione	Vnetje
Lombare	Ledvena
Neuropatia	Nevropatija
Polmonare	Pljučne
Respiratorio	Dihalne
Salute	Zdravje
Sindrome	Sindrom
Terapia	Terapija

Mammiferi
Sesalci

Balena	Kit
Cane	Pes
Canguro	Kenguru
Cavallo	Konj
Cervo	Jelen
Coniglio	Zajec
Coyote	Kojot
Delfino	Delfin
Elefante	Slon
Gatto	Mačka
Giraffa	Žirafa
Gorilla	Gorila
Leone	Lev
Lupo	Volk
Orso	Medved
Pecora	Ovce
Scimmia	Opica
Toro	Bik
Volpe	Lisica
Zebra	Zebra

Matematica
Matematika

Angoli	Koti
Aritmetica	Aritmetika
Circonferenza	Obod
Decimale	Decimalno
Diametro	Premer
Equazione	Enačba
Esponente	Eksponent
Frazione	Ulomek
Geometria	Geometrija
Parallelo	Vzporedno
Parallelogramma	Paralelogram
Perimetro	Obseg
Perpendicolare	Pravokotno
Poligono	Poligon
Quadrato	Kvadrat
Raggio	Polmer
Rettangolo	Pravokotnik
Simmetria	Simetrija
Somma	Vsota
Triangolo	Trikotnik

Meditazione
Meditacija.

Accettazione	Sprejem
Attenzione	Pozornost
Calma	Miren
Chiarezza	Jasnost
Compassione	Sočutje
Emozioni	Čustva
Gentilezza	Prijaznost
Gratitudine	Hvaležnost
Mentale	Duševno
Mente	Um
Movimento	Gibanje
Musica	Glasba
Natura	Narava
Osservazione	Opazovanje
Pace	Mir
Pensieri	Misli
Postura	Drža
Prospettiva	Perspektiva
Respirazione	Dihanje
Silenzio	Tišina

Meteo
Vreme

Arcobaleno	Mavrica
Asciutto	Suha
Atmosfera	Atmosfera
Brezza	Vetrič
Cielo	Nebo
Clima	Podnebje
Fulmine	Strele
Ghiaccio	Led
Monsone	Monsun
Nebbia	Megla
Nube	Oblak
Polare	Polarni
Siccità	Suša
Temperatura	Temperatura
Tempesta	Nevihta
Tornado	Tornado
Tropicale	Tropski
Tuono	Grom
Uragano	Orkan
Vento	Veter

Mitologia
Mitologija

Archetipo	Arhetip
Comportamento	Vedenje
Creatura	Bitje
Creazione	Ustvarjanje
Cultura	Kultura
Disastro	Katastrofa
Divinità	Božanstva
Eroe	Junak
Forza	Moč
Fulmine	Strele
Gelosia	Ljubosumje
Guerriero	Bojevnik
Immortalità	Nesmrtnost
Labirinto	Labirint
Leggenda	Legenda
Magico	Čarobno
Mortale	Smrtni
Mostro	Pošast
Tuono	Grom
Vendetta	Maščevanje

Musica
Glasba

Album	Album
Armonia	Harmonija
Armonico	Harmonično
Ballata	Balada
Cantante	Pevec
Cantare	Peti
Classico	Klasična
Coro	Refren
Lirico	Lirično
Melodia	Melodija
Microfono	Mikrofon
Musicale	Glasbeni
Musicista	Glasbenik
Opera	Opera
Poetico	Poetično
Registrazione	Snemanje
Ritmico	Ritmičen
Ritmo	Ritem
Strumento	Instrument
Tempo	Tempo

Numeri
Številke

Cinque	Pet
Decimale	Decimalno
Diciannove	Devetnajst
Diciassette	Sedemnajst
Diciotto	Osemnajst
Dieci	Deset
Dodici	Dvanajst
Due	Dva
Nove	Devet
Otto	Osem
Quattordici	Štirinajst
Quattro	Štiri
Quindici	Petnajst
Sedici	Šestnajst
Sei	Šest
Sette	Sedem
Tre	Tri
Tredici	Trinajst
Venti	Dvajset
Zero	Nič

Nutrizione
Prehrana

Amaro	Grenko
Appetito	Apetit
Bilanciato	Uravnoteženo
Calorie	Kalorij
Commestibile	Užitna
Dieta	Dieta
Digestione	Prebava
Fermentazione	Fermentacija
Gusto	Okus
Liquidi	Tekočine
Nutriente	Hranilo
Peso	Teža
Proteine	Beljakovine
Qualità	Kakovost
Salsa	Omaka
Salute	Zdravje
Sano	Zdrav
Spezie	Začimbe
Tossina	Toksin
Vitamina	Vitamin

Oceano
Ocean

Anguilla	Jegulja
Balena	Kit
Barca	Čoln
Corallo	Korale
Delfino	Delfin
Gamberetto	Kozica
Granchio	Rak
Maree	Plimovanje
Medusa	Meduze
Onde	Valovi
Ostrica	Ostrige
Pesce	Ribe
Polpo	Hobotnica
Sale	Sol
Scogliera	Greben
Spugna	Goba
Squalo	Morski Pes
Tartaruga	Želva
Tempesta	Nevihta
Tonno	Tuna

Paesaggi
Pokrajine

Cascata	Slap
Collina	Hrib
Deserto	Puščava
Fiume	Reka
Geyser	Gejzir
Ghiacciaio	Ledenik
Grotta	Jama
Iceberg	Ledena Gora
Isola	Otok
Lago	Jezero
Mare	Morje
Montagna	Gora
Oasi	Oaza
Oceano	Ocean
Palude	Močvirje
Penisola	Polotok
Spiaggia	Plaža
Tundra	Tundra
Valle	Dolina
Vulcano	Vulkan

Paesi #1
Države #1

Brasile	Brazilija
Cambogia	Kambodža
Canada	Kanada
Egitto	Egipt
Finlandia	Finska
Germania	Nemčija
India	Indija
Iraq	Irak
Israele	Izrael
Libia	Libija
Mali	Mali
Marocco	Maroko
Norvegia	Norveška
Panama	Panama
Polonia	Poljska
Romania	Romunija
Senegal	Senegal
Spagna	Španija
Venezuela	Venezuela
Vietnam	Vietnam

Paesi #2
Države #2

Albania	Albanija
Danimarca	Danska
Etiopia	Etiopija
Giamaica	Jamajka
Giappone	Japonska
Grecia	Grčija
Haiti	Haiti
Indonesia	Indonezija
Irlanda	Irska
Laos	Laos
Liberia	Liberija
Messico	Mehika
Nepal	Nepal
Nigeria	Nigerija
Pakistan	Pakistan
Russia	Rusija
Siria	Sirija
Sudan	Sudan
Ucraina	Ukrajina
Uganda	Uganda

Piante
Rastline

Albero	Drevo
Bacca	Jagodičje
Bambù	Bambus
Botanica	Botanika
Cactus	Kaktus
Cespuglio	Grm
Crescere	Rasti
Edera	Bršljan
Erba	Trava
Fagiolo	Fižol
Fertilizzante	Gnojilo
Fiore	Cvet
Flora	Flora
Fogliame	Listje
Foresta	Gozd
Giardino	Vrt
Muschio	Mah
Petalo	Cvetni List
Radice	Koren
Vegetazione	Vegetacija

Professioni #1
Poklici #1

Allenatore	Trener
Ambasciatore	Ambasador
Artista	Umetnik
Astronomo	Astronom
Avvocato	Odvetnik
Ballerino	Plesalka
Banchiere	Bankir
Cacciatore	Lovec
Cartografo	Kartograf
Editore	Urednik
Farmacista	Farmacevt
Geologo	Geolog
Gioielliere	Zlatar
Idraulico	Vodovodar
Marinaio	Mornar
Musicista	Glasbenik
Pianista	Pianist
Psicologo	Psiholog
Scienziato	Znanstvenik
Veterinario	Veterinar

Professioni #2
Poklici #2

Astronauta	Astronavt
Bibliotecario	Knjižničar
Biologo	Biolog
Chirurgo	Kirurg
Dentista	Zobozdravnik
Detective	Detektiv
Filosofo	Filozof
Fotografo	Fotograf
Giardiniere	Vrtnar
Giornalista	Novinar
Illustratore	Ilustrator
Ingegnere	Inženir
Insegnante	Učitelj
Inventore	Izumitelj
Linguista	Jezikoslovec
Medico	Zdravnik
Pilota	Pilot
Pittore	Slikar
Ricercatore	Raziskovalec
Zoologo	Zoolog

Psicologia
Psihologija

Appuntamento	Imenovanje
Clinico	Klinični
Comportamento	Vedenje
Conflitto	Konflikt
Ego	Ego
Emozioni	Čustva
Esperienze	Izkušnje
Idee	Ideje
Inconscio	Nezavesten
Infanzia	Otroštvo
Influenze	Vplivi
Pensieri	Misli
Percezione	Percepcija
Personalità	Osebnost
Problema	Problem
Realtà	Resničnost
Sensazione	Občutek
Subconscio	Podzavest
Terapia	Terapija
Valutazione	Ocena

Riscaldamento Globale
Globalno Segrevanje

Ambientale	Okoljski
Artico	Arktika
Attenzione	Pozornost
Clima	Podnebje
Crisi	Kriza
Dati	Podatki
Energia	Energija
Futuro	Prihodnost
Gas	Plin
Generazioni	Generacije
Governo	Vlada
Habitat	Habitati
Industria	Industrija
Internazionale	Mednarodno
Legislazione	Zakonodaja
Ora	Zdaj
Popolazioni	Populacije
Scienziato	Znanstvenik
Sviluppo	Razvoj
Temperature	Temperature

Ristorante #1
Restavracija #1

Allergia	Alergija
Caffè	Kava
Cameriera	Natakarica
Carne	Meso
Cassiere	Blagajnik
Cibo	Hrana
Ciotola	Skleda
Coltello	Nož
Cucina	Kuhinja
Dessert	Sladica
Ingredienti	Sestavine
Mangiare	Jesti
Menù	Meni
Pane	Kruh
Piatto	Plošča
Piccante	Začinjen
Pollo	Piščanec
Prenotazione	Rezervacija
Salsa	Omaka
Tovagliolo	Prtiček

Ristorante #2
Restavracija #2

Acqua	Voda
Aperitivo	Predjed
Bevanda	Pijača
Cameriere	Natakar
Cena	Večerja
Cucchiaio	Žlica
Delizioso	Odlično
Forchetta	Vilice
Frutta	Sadje
Ghiaccio	Led
Insalata	Solata
Minestra	Juha
Pesce	Ribe
Pranzo	Kosilo
Sale	Sol
Sedia	Stol
Spezie	Začimbe
Torta	Torta
Uova	Jajca
Verdure	Zelenjava

Salute e Benessere #1
Zdravje in Dobro Počutje

Abitudine	Navada
Altezza	Višina
Attivo	Aktivno
Batteri	Bakterije
Clinica	Klinika
Fame	Lakota
Farmacia	Lekarna
Frattura	Zlom
Medicina	Zdravilo
Medico	Zdravnik
Muscoli	Mišice
Nervi	Živci
Ormoni	Hormoni
Pelle	Koža
Postura	Drža
Riflesso	Refleks
Rilassamento	Sprostitev
Terapia	Terapija
Trattamento	Zdravljenje
Virus	Virus

Salute e Benessere #2
Zdravje in Dobro Počutje

Allergia	Alergija
Anatomia	Anatomija
Appetito	Apetit
Caloria	Kalorij
Corpo	Telo
Dieta	Dieta
Digestione	Prebava
Disidratazione	Dehidracija
Energia	Energija
Genetica	Genetika
Igiene	Higiena
Infezione	Okužba
Malattia	Bolezen
Massaggio	Masaža
Nutrizione	Prehrana
Ospedale	Bolnišnica
Peso	Teža
Sangue	Kri
Sano	Zdrav
Vitamina	Vitamin

Scienza
Znanost

Atomo	Atom
Chimico	Kemikalija
Clima	Podnebje
Dati	Podatki
Esperimento	Poskus
Evoluzione	Evolucija
Fatto	Dejstvo
Fisica	Fizika
Fossile	Fosil
Gravità	Gravitacija
Ipotesi	Hipoteza
Laboratorio	Laboratorij
Metodo	Metoda
Minerali	Minerali
Molecole	Molekule
Natura	Narava
Organismo	Organizem
Osservazione	Opazovanje
Particelle	Delci
Scienziato	Znanstvenik

Spezie
Začimbe

Acido	Kislo
Aglio	Česen
Amaro	Grenko
Anice	Janež
Cannella	Cimet
Cardamomo	Kardamom
Cipolla	Čebula
Coriandolo	Koriander
Cumino	Kumina
Curcuma	Kurkuma
Curry	Curry
Dolce	Sladko
Finocchio	Koromač
Gusto	Okus
Paprika	Paprika
Pepe	Poper
Sale	Sol
Vaniglia	Vanilija
Zafferano	Žafran
Zenzero	Ingver

Strumenti Musicali
Glasbila

Armonica	Orglice
Arpa	Harfa
Banjo	Banjo
Chitarra	Kitara
Clarinetto	Klarinet
Fagotto	Fagot
Flauto	Flavta
Gong	Gong
Mandolino	Mandolina
Marimba	Marimba
Oboe	Oboa
Percussione	Tolkala
Pianoforte	Klavir
Sassofono	Saksofon
Tamburello	Tamburin
Tamburo	Boben
Tromba	Trobenta
Trombone	Trombon
Violino	Violina
Violoncello	Violončelo

Tempo
Čas

Anno	Leto
Annuale	Letni
Calendario	Koledar
Decennio	Desetletje
Dopo	Po
Futuro	Prihodnost
Giorno	Dan
Ieri	Včeraj
Mattina	Jutro
Mese	Mesec
Mezzogiorno	Opoldne
Minuto	Minuta
Momento	Trenutek
Notte	Noč
Oggi	Danes
Orologio	Ura
Presto	Kmalu
Prima	Pred
Secolo	Stoletje
Settimana	Teden

Tipi di Capelli
Vrste Las

Argento	Srebro
Asciutto	Suha
Bianco	Bela
Biondo	Blond
Breve	Kratek
Calvo	Plešast
Grigio	Siva
Intrecciato	Pleteno
Liscio	Gladko
Lungo	Dolga
Marrone	Rjav
Morbido	Mehko
Nero	Črna
Ondulato	Valovita
Riccio	Kodrasti
Riccioli	Kodri
Sano	Zdrav
Sottile	Tanek
Spessore	Debel
Trecce	Kite

Uccelli
Ptice

Airone	Čaplja
Anatra	Raca
Aquila	Orel
Cicogna	Štorklja
Cigno	Labod
Cuculo	Kukavica
Falco	Sokol
Fenicottero	Flamingo
Gabbiano	Galeb
Oca	Gos
Pappagallo	Papiga
Passero	Vrabec
Pavone	Pav
Pellicano	Pelikan
Piccione	Golob
Pinguino	Pingvin
Pollo	Piščanec
Struzzo	Noj
Tucano	Tukan
Uovo	Jajce

Vacanze #2
Počitniški #2

Aeroporto	Letališče
Campeggio	Kampiranje
Destinazione	Cilj
Foto	Fotografije
Hotel	Hotel
Isola	Otok
Mappa	Zemljevid
Mare	Morje
Passaporto	Potni List
Ristorante	Restavracija
Spiaggia	Plaža
Straniero	Tujec
Taxi	Taksi
Tempo Libero	Prosti Čas
Tenda	Šotor
Trasporto	Prevoz
Treno	Vlak
Vacanza	Počitnice
Viaggio	Potovanje
Visto	Vizum

Veicoli
Vozila

Aereo	Letalo
Ambulanza	Ambulanta
Auto	Avto
Autobus	Avtobus
Barca	Čoln
Bicicletta	Kolo
Camion	Tovornjak
Caravan	Karavana
Elicottero	Helikopter
Furgone	Van
Motore	Motor
Pneumatici	Pnevmatike
Razzo	Raketa
Scooter	Skuter
Sottomarino	Podmornica
Taxi	Taksi
Traghetto	Trajekt
Trattore	Traktor
Treno	Vlak
Zattera	Splav

Verdure
Zelenjava

Aglio	Česen
Broccolo	Brokoli
Carciofo	Artičoka
Carota	Korenje
Cetriolo	Kumara
Cipolla	Čebula
Fungo	Goba
Insalata	Solata
Melanzana	Jajčevec
Patata	Krompir
Pisello	Grah
Pomodoro	Paradižnik
Prezzemolo	Peteršilj
Rapa	Repa
Ravanello	Redkev
Scalogno	Šalotka
Sedano	Zelena
Spinaci	Špinača
Zenzero	Ingver
Zucca	Buče

Vestiti
Oblačila

Abito	Obleka
Braccialetto	Zapestnica
Camicetta	Bluza
Camicia	Srajca
Cappello	Klobuk
Cappotto	Plašč
Cintura	Pas
Collana	Ogrlica
Giacca	Jakna
Gonna	Krilo
Grembiule	Predpasnik
Guanti	Rokavice
Jeans	Kavbojke
Maglione	Pulover
Moda	Moda
Pantaloni	Hlače
Pigiama	Pižame
Sandali	Sandali
Scarpa	Čevelj
Sciarpa	Šal

Congratulazioni

Ce l'hai fatta!

Speriamo che questo libro vi sia piaciuto tanto quanto a noi è piaciuto concepirlo. Ci sforziamo di creare libri della più alta qualità possibile.
Questa edizione è progettata per fornire un apprendimento intelligente, di qualità e divertente!

Le è piaciuto questo libro?

Una Semplice Richiesta

Questi libri esistono grazie alle recensioni che pubblicate.

Puoi aiutarci lasciando una recensione
ora a questo link ?

BestBooksActivity.com/Recensioni50

SFIDA FINALE!

Sfida n°1

Sei pronto per il tuo gioco gratuito? Li usiamo sempre, ma non sono così facili da trovare - ecco i **Sinonimi!**
Scrivi 5 parole che hai trovato nei puzzle (n° 21, n° 36, n° 76) e prova a trovare 2 sinonimi per ogni parola.

Scrivi 5 parole del **Puzzle 21**

Parole	Sinonimo 1	Sinonimo 2

Scrivi 5 parole del **Puzzle 36**

Parole	Sinonimo 1	Sinonimo 2

Scrivi 5 parole del **Puzzle 76**

Parole	Sinonimo 1	Sinonimo 2

Sfida n°2

Ora che ti sei riscaldato, scrivi 5 parole che hai trovato nei puzzle n° 9, n° 17 e n° 25 e cerca di trovare 2 contrari per ogni parola. Quanti ne puoi trovare in 20 minuti?

Scrivi 5 parole del **Puzzle 9**

Parole	Antonimo 1	Antonimo 2

Scrivi 5 parole del **Puzzle 17**

Parole	Antonimo 1	Antonimo 2

Scrivi 5 parole del **Puzzle 25**

Parole	Antonimo 1	Antonimo 2

Sfida n°3

Grande! Questa sfida  non è niente per te!

Pronto per la sfida finale? Scegli 10 parole che hai scoperto nei diversi puzzle e scrivile qui sotto.

1.	6.
2.	7.
3.	8.
4.	9.
5.	10.

Ora scrivi un testo pensando a una persona, un animale o un luogo che ti piace.

Puoi usare l'ultima pagina di questo libro come bozza.

La tua composizione:

TACCUINO:

A PRESTO!

Tutta la Squadra

BESTACTIVITYBOOKS.COM/FREEGAMES